AF385429

OBSERVATIONS
SUR
DES MATIERES
DE
JURISPRUDENCE
CRIMINELLE.

Traduit du Latin de
Mr. PAUL RISI,
CELEBRE JURISCONSULTE
A MILAN &c. &c.
PAR
Mr. S. D. C.

A LAUSANNE,
Chez FRANÇ. GRASSET ET COMP.

Et se vend à MILAN,

Chez JOSEPH GALEAZZI, *Libraire*
& *Imprimeur Royal.*

Et chez les autres principaux Libraires de l'Europe.

M. D. CCLXVIII.

AVANT-PROPOS

DE L'AUTEUR.

CE n'eſt point l'amour de la nouveauté, qui me fait écrire. Je ſais qu'elle déplait à bien des gens, & je leur déclare que je n'ai été conduit à cet ouvrage que par le pur ſentiment de l'humanité. Mon premier ſoin a été de tirer de l'antiquité des richeſſes dès longtems enſévelies. Ceux qui la cherchent dans les écrits, comme les antiquaires dans

* 2

les medailles, y trouveront dequoi contenter leur goût; Ceux à qui le nouveau plait davantage, y verront des chofes qui pourront leur paroitre neuves, à force d'avoir été négligées. Je ne recommande à mes Lecteurs qu'une feule chofe : mais je le leur recommande avec inftance; c'eft de lire fans préjugé & de méditer en lifant.

PREFACE

DU TRADUCTEUR.

LE public auroit lieu de se plain-dre si dans un siécle où l'esprit s'épuise le plus souvent sur des ba-gatelles , quelquefois même sur des sujets dangéreux par la façon dont ils sont traités , on ne lui offroit de tems en tems quelques productions véritablement utiles ; & je n'appelle de ce nom que celles qui tendent au bonheur du genre humain. Peut - on douter que la justice & tout ce qui tend à éclairer sa marche n'y con-tribue ? & si la partie civile est intéressante, lors surtout qu'elle ou-

vre des reſſources à l'extinction des difficultés que l'intérêt fait naitre entre les hommes, combien devra l'être davantage celle qui a pour objet le repos de la ſocieté, l'honneur & la vie de ſes citoyens. C'eſt la procédure criminelle qui doit effrayer le crime, & être en même tems la gardienne fidéle de l'innocence : Mais, ce ſont des hommes qui en réglent toutes les opérations, & qui en meſurent pour ainſi dire tous les pas. Aucun de ces pas n'eſt indifférent, ni pour le malheureux qui en eſt l'objet, ni pour le Juge qui doit être l'arbitre de ſa deſtinée. Jamais ce Juge ne doit s'écarter de la déciſion des loix, tempérée par l'humanité. Une douceur ſans foibleſſe, une rigueur ſans cruauté, doivent être ſon

caractère : tout ce qu'il fait en matiére de justice doit être pesé à la
balance du sanctuaire ; le pour &
le contre doivent le trouver constam-
ment dans un équilibre qui ne varie
qu'autant que l'exigent les circonstances.

Ce Juge peut être intégre & avoir
des préjugés ; Il peut être éclairé &
ne se défier pas assez des écueuils
qui l'environnent : sa droiture même
peut l'égarer , & sa haine pour le
crime peut le lui faire voir là où il
n'est pas. Alors il prend des indices
pour des preuves & les apparences
pour des convictions. Quel service
ne lui rend-on pas en lui indiquant
les moyens de se garantir d'une
erreur irréparable & d'un regret
éternel.

* 4

L'auteur ne donne pas ici un cours ou un fyftéme complet de jurifprudénce criminelle. Il s'eft borné à un petit nombre d'articles de la plus grande importance , & c'eft avec bien du fondement qu'il donne à fon travail fur ces points effentiels le titre d'Animadverfions. (*) Plufieurs de fes obfervations peuvent conduire à des reformes très - avantageufes. Ses principes fur le corps du délit , fur les preuves en général , fur celle des témoins qui paroit fi claire , fur celle de la confeffion qui femble fi décifive &c. font le procès à tous ceux qui s'en écartent. L'innocent , le vertueux Calas vivroit encore ,

---

(*) Le titre eft : P A U L I R I S I J. C. *Animad-verfiones ad Criminalem Jurifprudentiam perti-nentes.*

& la procédure contre la famille Sirven n'exifteroit pas fi des principes fi juftes avoient été refpectés.

Sa differtation fur la mefure des peines, eft digne de toute l'attention des Juges & des Magiftrats ; la juftice n'étant bien remplie qu'autant qu'elle péfe toutes les circonftances, & qu'elle fuit dans leur diftribution les loix générales de la proportion géometrique.

Ce que dit Mr. RISI fur l'ufage de la torture pour completter la preuve & pour arracher l'aveu du crime, eft de la plus grande force, & devra contribuer à accélerer le triomphe d'une pratique plus humaine & moins périlleufe pour l'innocence.

.Enfin le petit traité ſur la compétence des Juges eſt des plus propres à prévenir les queſtions qui peuvent naitre entre les divers Tribunaux d'une même ſouveraineté, & à lever toutes les difficultés qui pourroient retarder les opérations de la juſtice.

Cet ouvrage mérite d'autant plus l'attention, que c'eſt le fruit des méditations profondes d'un homme en place, d'un Jurisconſulte diſtingué, honoré de la confiance d'une grande Reine, adorée de ſes peuples, & qui mérite de l'être par l'attention continuelle qu'elle donne à leur bonheur.

Rendons graces à ceux qui travaillent avec des intentions auſſi pures sur des sujets que la corruption humaine rend si fréquens, si dignes de l'attention des Souverains, des Jurisconsultes, & de tous les Magistrats.

DIVISION DE CET OUVRAGE.

DES PREUVES NECESSAIRES POUR FONDER SON JUGEMENT EN MATIERE CRIMINELLE.

DE LA MESURE DES PEINES.

DE LA COMPETENCE DES TRIBUNAUX.

DES
PREUVES NECESSAIRES
POUR
FONDER SON JUGEMENT
EN MATIERE CRIMINELLE.

Consuetudinis , ususque longævi non vilis aucto-
ritas est. Verùm non usque adeo sui valitura
momento , ut aut rationem vincat aut legem.
L. 2. C. quæ sit long. consuet. (a)

Q UOIQUE les peines que les hommes ont statuées contre d'autres hommes , servent à les contenir dans leur devoir , on ne sauroit trop être sur ses gardes pour

(a) La coutume , & un long usage, font d'un grand poids ; mais leur autorité n'est pas telle qu'elle doive prévaloir sur celle de la loi ou de la raison.

A

ne pas recourir légérement à ces remèdes extrèmes, toujours douloureux aux yeux de l'humanité ; de peur que la précipitation avec laquelle on en uferoit, ne caufât à la focieté civile un nouveau mal dont il importe de la garantir. Sans cette fage précaution, les uns périroient de la main des brigands , & d'autres par la fentence des Juges. Voila pourquoi les Tribunaux ne doivent prononcer aucun jugement en fait de crimes, que fur des preuves fi évidentes qu'elles égalent ou qu'elles furpaffent même , comme le difent les Jurifconfultes, la clarté du jour ; *Probationes luce clariores.*

C'eft ce que comprirent très - bien les anciens Romains , qui montrérent d'ailleurs tant d'habileté dans les matieres de Jurifprudence , lorfqu'ils n'accorderent la faculté d'accufer perfonne , que fous la referve expreffe, que l'accufateur fe foumettroit aux mêmes peines qui menaçoient fa partie adverfe. Les loix Romaines font expreffes là-deffus. ,, Si quelqu'un [dit le Digefte]

„ (*a*) en accuſe un autre de crime, il
„ devra former cette accuſation par un
„ acte poſitif ſigné de ſa main ; uſage ſa-
„ gement établi pour empêcher qu'on ne
„ s'y porte trop facilement, perſuadé que
„ ſi on le fait, cette témérité ne reſtera
„ point impunie. „

Le ſavant B R I S S O N donne le formule
du libelle d'accuſation, & les termes propres de l'engagement que prenoit l'accuſateur par l'acte qu'il ſouſcrivoit. (*b*) „ Je
„ me porte pour accuſateur contre toi, du
„ crime de malverſation des deniers publics ;

(*a*) *Si cui crimen objiciatur, præcedere debet
in crimen ſubſcriptio ; quæ res ad id inventa eſt,
ne facile quis proſiliat ad accuſationem, cum
ſciat inultam ſibi accuſationem non futuram.*
L. 7. ff. de accuſ. & inſcript. & l. 17. C. eod.
tit. ſic habetur.

(*b*) *Igitur ego ille adverſum te in rationibus
publicis adſito. Si te injuſte interpellavero, &
victus exinde apparuero, eadem pœna, quam in
te vindicare pulſavi, me conſtringo partibus
tuis eſſe damnandum, atque ſubiturum. Et pro
rei totius firmitate manu propria firmo, &
bonorum virorum judicio roborandum. trado.*
B R I S S O N de formul. & ſolemnibus populi
Romani verbis, lib. V. fol. 469.

» que si je t'interpelle injustement, & que
» je succombe dans ma preuve, je me
» soumets à la même peine qui te sera
» infligée si je réussis ; en confirmation
» de quoi j'ai signé la présente accusation,
» sous l'autorité des Juges intégres aux-
» quels j'en remets la connoissance.

Je n'entreprends point de déterminer à qui
cette forme de procéder étoit plus avan-
tageuse, de l'accusateur, de l'accusé ou du
corps des citoyens ; ne me proposant que
de montrer quelles preuves doivent être
admises ou rejettées en matieres criminelles. J'observerai seulement que les Loix
Romaines régloient la marche & les pré-
miers effets de l'accusation, » Nous or-
» donnons, dit le Code, que l'on suive
» l'ordre anciennement établi par les loix
» en matiere d'accusation, de façon que
» celui qui est accusé de crime capital ne
» soit pas aussi-tôt présumé coupable, en
» vertu de l'accusation, de peur de donner
» quelque atteinte à l'innocence : mais que

„ celui qui intente une accusation de crime
„ se présente en droit, comme celui qu'il
„ accuse, qu'il prenne un engagement formel
„ par sa souscription, & qu'il revête les
„ prisons ou les arrêts selon son caractere
„ ou sa dignité. Mais qu'il ne se flatte pas
„ que la licence d'accuser à faux reste
„ impunie, puisque la vengeance de la
„ calomnie exige qu'il subisse la même
„ peine (*a*). „

Les Preuves, prises dans leur acception
générale ne sont autre chose que les actes
légitimes par lesquels on prouve que le
crime a été commis.

Les preuves de ce genre sont divisées
par les Jurisconsultes en *pleines*, ou complettes ; & *semi-pleines*, ou incomplettes.

(*a*) *Accusationis ordinem jamdudum legibus
instituturn servari jubemus : ut quicumque in
discrimen capitis accersitur, non statim reus,
qui accusari potuit, æstimetur : ne subjectam
innocentiam feriamus : Sed quisquis ille est qui
crimen intendit, in judicium veniat, nomen Rei
indicet, vinculum inscriptionis arripiat, custodiæ
similitudinem [habita tamen dignitatis æstima-
tione] patiatur. Nec impunitam fore noverit*

La *Preuve pleine* eſt celle qui certifie un fait de maniere à ne laiſſer aucun doute, & à fonder légitimement une ſentence.

La *Preuve ſemi-pleine* eſt celle qui paroit confirmer le fait par des arguments & par des indices; mais ces arguments & ces indices ne ſont pas de nature à ce que celui même qui y acquieſce, pût juſtement décerner le dernier ſupplice. (*a*)

Les Juriſconſultes ne conviennent pas entr'eux quelles ſont les preuves pleines, ou ſemi-pleines; d'où il arrive que la Juriſprudence criminelle roule ſur des principes également obſcurs & incertains, ſans que l'on puiſſe décider ſi c'eſt par la faute ou par le malheur des états dans leſquels ces principes ſont indécis; fatalité d'autant plus grande qu'ils décident non-ſeulement de la fortune des Citoyens; mais encore de leur reputation & de leur vie. C'eſt donc à mon

---

licentiam mentiendi, cùm calumniantis ad vindiſtam poſcat ſimilitudo ſupplicii.

(*a*) Vide, Vocabularium utriuſque juris, *Phil, Vicat.* voce P R O B A T I O.

fens une faute énorme de la part des Législateurs, d'avoir commis aux lumieres & à la probité des Juges le pouvoir de prononcer fur la valeur de ces preuves, (*a*) comme fi l'on pouvoit douter qu'il n'y eut bon nombre de Juges très-peu éclairés, & nombre d'autres très partiaux.

Il eft vrai qu'on a publié fur ce fujet de très-gros volumes ; mais employés uniquement ou à former des claffes particulieres de preuves, ou à forger des hypothefes très-mal conçuës, fans établir de principes ni certains ni généraux ; fans enfeigner même comment il faudroit appliquer les principes qu'ils avoient pofé ; enforte que lorfqu'il fe préfente une queftion tant foit peu embaraffante, fi elle n'eft pas claffée dans la lifte des preuves que les criminatifs ont énoncées, on fe trouve prefque arrêté & fans bouffole pour fe diriger.

Pour remplir ce vuide de la Procédure

______

(*a*) Vide l, 1. ff. de pœnis, &. l. 3. ff. de teft,

criminelle, j'examinerai deux genres de preuves que la plûpart des Jurifconfultes eftiment pleines & complettes, fçavoir celle qui réfulte de·la CONFESSION, & celle qui fe fait par TEMOINS. Je tâcherai de faire voir que ces preuves confidérées en elles-mêmes, feparément, & indépendamment de toute autre, ne font pas d'un poids qui puiffe déterminer le Juge à dicter une peine capitale : Mais avant que de difcuter la nature de ces preuves, il eft néceffaire de fixer l'idée du délit en général pour qu'il paroiffe clairement fur quelles preuves quel-qu'un peut être juftement eftimé coupable.

LE DELIT eft un acte volontairement commis frauduleufement ou par fa faute, par lequel on bleffe les droits d'autrui. (*a*)

Je dis *les droits* parceque cet acte ou cette faute peut regarder le *droit public*,

____

(a) *Delictum eft factum fponte dolo , vel culpa admiffum , quo jus alterius læditur.* COCCEIUS Differt. proëm. ad Grotium de J. B. & P. 12. lib. 5. Cap. V. §. 513.

& le *droit particulier* ; car fuppofé même qu'on n'ait fait ni tort ni injure à l'individu, fi l'on a commis quelque chofe que la loi ait défendu, c'eft un délit qui demande reparation, parce que le Droit du fupérieur eft violé, & que c'eft faire injure à la dignité de fon caractere. (*a*)

Il faut qu'un tel délit ait été réellement commis ; Car quoique les loix humaines foient deftinées à punir les actes de la volonté ; ceux même qui ne font pas pré-cifément *mécaniques* comme on les appelle ; Elles ne puniffent néanmoins ces actes, qu'autant qu'ils fortent pour ainfi dire de la volonté, en prenant l'effor par des actes extérieurs : car perfonne n'ignore que lorfque l'on paffe de la fimple idée intérieure de commettre un crime à une déliberation formelle avec quelqu'un d'autre, ou que ce projet dabord retenu éclate par quelques préparatifs tendants à l'exécution, il eft digne de l'animadverfion des loix;

(*a*) Idem, Differt. XII. Cap. V. §. 545.

(*a*) au lieu que refferré pour ainfi dire dans l'intérieur de l'ame, Dieu feul en eft le Juge ; & c'eft ainfi qu'il faut entendre la loi 18. du Digefte qui dit, que *perfonne ne porte la peine de fa penfée.* (*b*)

Dans la difcuffion des preuves, il importe beaucoup de fçavoir fi le délit a laiffé quelque veftige ou non. Au premier cas on l'appelle délit de fait permanent *Facti permanentis*, au fecond, délit de fait paffager, *Facti tranfeuntis.* (*c*) *Le Délit de fait permanent* eft ainfi appellé, parce qu'il défigne le fait par les traces qu'il laiffe après lui, comme *l'homicide*, le *vol avec effraction*, *le viol* &c. *Le Délit de fait paffager* eft ainfi nommé parce qu'il ne laiffe nul veftige, comme le *vol fimple*, *l'adultere*, les *injures verbales* &c.

(*a*) CARMICHAEL ad Puffendorff. de off. hom. & civ. Lib. II. Cap. 13. §. 11. n°. 1.

(*b*) *Neminem cogitationis pœnam perpeti.* GROT. de J. B. & P. Lib. II. Cap. 20. §. 18. & PUFFEND. de off. hom. & civ. Lib. II, cap. 13. §. 11.

(*c*) BOEHMER. Sect. I. cap. II. de nat. & indole delictor. §. 34.

Après avoir donné ces notions du délit, dont je parle plus amplement dans les élemens de Jurisprudence criminelle, que je publierai le plutôt possible, je viens à l'examen des preuves, & je montrerai.

I. Que la seule confession sans *Corps de délit* ne prouve rien.

II. Que la confession jointe au *Corps de délit* n'est pas suffisante pour opérer une preuve pleine & entiere, qui puisse autoriser le Juge à infliger justement une peine capitale.

III. Que pour être fondé à déclarer le réc coupable, il faut non-seulement que la confession soit jointe au corps du délit; mais encore qu'il y ait quelqu'autre preuve ou des indices manifestes qui l'appuyent & la fortifient.

Sur les Témoins je montrerai.

I. Quels témoins sont rejetés par les loix ?

II. Quel doit être leur nombre pour faire preuve ?

III. La néceſſité du ferment pour ap‑
puyer leur déclaration ; & j'établirai clai‑
rement enſuite que le corps du délit étant
bien conſtaté, le témoignage de deux té‑
moins donné par ferment, confirmé en
préſence du Rée, par une confrontation
(*a*) juridique dans laquelle ces témoins
ſoutiennent avoir vû ce Rée commettant le
délit, le Juge aura une preuve pleine,
légale, & ſuffiſante pour prononcer contre
lui une ſentence capitale.

(*a*) La confrontation de l'accuſateur avec le
Rée n'eſt pas plus eſſentielle que celle des té‑
moins entr'eux ; & œlle‑ci doit avoir lieu en
divers cas.

DE LA CONFESSION.

I.

SI je ne me trompe groſſierement, la ſeule confeſſion du Rée (*a*) devoit être à peine reçue dans la procédure criminelle. Dans les cauſes civiles , c'eſt à l'acteur à prouver ſa théſe. (*b*) N'eſt-ce pas à plus forte raiſon à l'accuſateur d'un crime à prouver ce qu'il avance? le Rée s'accuſera-t-il lui-même? fournira-t-il les indices de ſon crime, ceux par exemple d'un homicide? montrera-t-il le glaive ſanglant? en produira-t-il les témoins? ira-t-il de bon gré à l'échaffaut, ou ſe mettra-t-il volontairement la corde au col? La loi ne dit point au larron , tu as commis un vol, marche de toi même à la potence; mais elle dit au Magiſtrat,

---

(*a*) On pourroit mettre en doute ſi l'on doit appeller *Rée* celui qui n'a contre lui qu'un ſoupçon , ou des indices.

(*b*) *Ei incumbit probatio , qui dicit , non quî negat.* Liv. 2. & 6 ff. de probat.

vous avez convaincu le voleur, faites-le punir de la peine que dicte la loi. (*a*) Quelle loi en effet commande à l'homme de courir à fa perte, & de braver une mort certaine? A moins qu'ils ne foient hébetés & infenfibles, ils entendront la voix de la nature qui ne leur permettra jamais de négliger leur confervation. La loi eft ici d'accord avec elle, puifqu'elle défend de recevoir le témoignage de quelqu'un dans fa propre caufe. (*b*) Et quel malheur ne feroit-ce pas pour l'homme, fi fon témoignage n'avoit de valeur auprès des Juges, que lorfqu'il le porté contre lui-même? Quelle fureur, & quelle maxime plus tyrannique que celle qui établiroit, que ceux là feuls font à croire qui fe chargent & s'accufent par leur propre témoignage, & non ceux qui s'excufent &

(*a*) PUFFEND. de J. N. & G. Lib. VIII. Cap. III. §. 4.

(*b*) *Nullus idoneus teftis in re fua intelligitur.* l. 10. ff. de Teftam. *Omnibus in re propria dicendi teftimonii facultatem Jura fubmoverunt.* l. 10. C. de Teftam.

qui fe defendent ? Mais je m'arrête trop à prouver la vérité la moins contestable, c'est que perfonne ne peut être executé fur fa feule confeffion.

On dira fans doute que le Juge ne fait aucun tort au Rée en adhérant à fa propre confeffion, & en le jugeant en conféquence; que perfonne ne peut être préfumé vouloir fe calomnier foi-même; & s'attirer par là le plus grand des maux : mais ceux qui parlent de cette maniere ont - ils bien pefé ce que la confeffion du Rée contre lui-même permet au Juge ? C'est uniquement un flambeau qui commence à l'éclairer dans la recherche du crime, qui le met en état de le découvrir, & d'en convaincre pleinement & completement l'auteur. Car d'ailleurs la raifon n'interdit point de mettre à profit le témoignage du Rée, non plus que celui des autres, dans la Procédure criminelle : mais ce dont je doute très-fort, c'est que la raifon, l'équité, l'humanité feule puiffent jamais permettre que la feule confeffion du Rée contre lui-même foit reçuë, & fuffife pour le perdre.

Qui ne s'étonneroit, après cela de voir que des hommes n'aient obmis aucune de ces cruelles expériences, telles que des lames rougies au feu, des charbons ardens, des eaux bouillantes, des taureaux brulans, des combats finguliers, & cent autres moyens pareils pour arracher l'aveu de ceux qu'ils traitoient de criminels ! (*a*) Ces traits d'inhumanité, dignes des génies féroces qui les emploioient ont difparu peu à peu, à mefure que les hommes fe font familiarifés avec la Philofophie, & que fa lumiere eft parvenuë à rendre plus douces les mœurs : mais il nous refte encore un monument de l'ancienne barbarie, dans l'ufage de la Torture ; puifque c'eft pour arracher du Rée cet aveu d'un crime, qu'on lui

______

(*a*) GRÆVIUS. *Tribunal reformatum.* Cap. IV. §. 2. MURATORI. Differt. 38. & COCCEII Differt. proëm. in Grot. 12. lib. 6. cap. 4. §. 686. &c.

lui fait fouffrir les plus rigoureux tourmens. Je n'ignore pas que ceux qui la protégent encore, croyent pouvoir s'appuyer fur la loi divine, & y trouver des preuves de fon origine, dans l'ufage des eaux améres que les femmes foupçonnées d'adultère étoient contraintes de boire. (*a*) Mais fans compter que cette épreuve étoit rarement admife pour ce cas même ; les eaux améres ne faifoient aucun mal à la femme injufte-ment accufée. Le texte facré eft exprès fur ce fujet. *Si la femme ne s'eft point fouillée, mais qu'elle foit pure, elle n'en recevra aucun mal, & elle aura des enfans.* Nombres V. v. 28. A quoi les interprêtes ajoutent (*b*) que la femme innocente dévenoit plus belle & plus vigoureufe, ce qui ne peut arriver dans le cas de la torture dont

(*a*) *Après que le facrificateur lui aura fait boire les eaux, s'il eft vrai qu'elle fe foit fouillée, & qu'elle ait commis le crime contre fon mari, les eaux qui apportent la malédiction entreront en elle, fon ventre enflera, & fa cuiffe tombera &c.* NOMBR. V. 27.
(*b*) D. CALMET.

l'ufage rend la condition de l'innocent pire
que celle du vrai coupable.

Nous trouvons là - deffus dans S. A u-
g u s t i n des idées bien faines & bien
vivement exprimées.

„ On met en doute fi un tel eft cou-
„ pable, & pour le fçavoir on le tour-
„ mente. S'il eft innocent, il fubira pour
„ un crime très - incertain une peine très-
„ certaine ; & cela non pour avoir com-
„ mis le crime même ; mais parce qu'on
„ ignore qui l'a commis. Ainfi l'ignorance
„ du Juge fera là caufe du malheur de
„ l'innocence ; & ce qui eft plus trifte
„ encore & plus digne de nos larmes,
„ c'eft que ce Juge tourmente l'accufé
„ qu'il ne connoit point pour l'innocent,
„ de peur de le faire mourir par erreur ;
„ & par une fuite fatale de fon ignorance
„ il va donner la mort à cet innocent
„ déjà tourmenté, lequel il ne tourmentoit
„ que pour ne pas lui donner la mort ;
„ vû que fi celui qui eft injuftement accufé
„ préfére la mort aux fouffrances, il s'a-

„ vouera coupable fans l'ètre, & après fon
„ fupplice le Juge ignorera encore s'il a
„ puni un coupable, ou donné la mort à
„ un innocent. (*a*)

Je reviens aux eaux améres, pour obferver que par un effet de l'inftitut & de la toute puiffance du fuprème législateur, leur effet étoit certain, au lieu que l'effet de la torture eft auffi incertain que le caractere & le caprice des hommes qui l'ont mis en œuvre; d'où il réfulte fréquemment

(*a*) *Cùm quæritur, utrum vir fit nocens, cruciatur, & innocens luit pro incerto fcelere certiffimas pœnas ; non quia illud commififfe detegitur, fed quia non commififfe nefcitur ; ac per hoc* IGNORANTIA JUDICIS PLERUMQUE EST CALAMITAS INNOCENTIS, *& quod eft intolerabilius, magifque plangendum, rigandumque, fi fieri poteft, fontibus lachrymarum, cùm propterea Judex torqueat accufatum, ne occidat, nefciens innocentem, fit per ignorantiæ miferiam, ut & tortum & innocentem occidat, quem, ne innocentem occideret, torferat. Si enim, fecundum iftorum fapientiam, delegerit ex hac vita fugere, quam diutius illa tormenta fuftinère, quòd non commifit, commififfe fe dicit : Quo damnato, & occifo, utrum nocentem, an innocentem Judex occiderit, adhuc nefcit.* &c. D. AUGUSTIN. de Civit. Dei. Lib. XIX. Cap. 6.

que ceux qui font expofés à cette fatale
épreuve ou perféverent dans la négative
d'un crime qu'ils ont réellement commis,
ou confeffent le crime dont ils ne font pas
les auteurs. Enforte que pour ce crime
commis ou non, l'innocent & le coupable
effuyent la même peine.

Comparons à cette pratique la façon de
penfer des Jurifconfultes Romains qui fur
des raifons d'un grand poids fe perfuade-
rent que des tourmens étoient bien peu
convenables à la recherche de la vérité, &
bien peu propres à la faire découvrir.
ULPIEN nous dit (*a*) que „ la queftion
„ eft une voye périlleufe, & très-incertaine
„ pour la découverte de la vérité, que

(*a*) *Quæftioni fidem non femper , nec tamen
nunquam habendam conftitutionibus declaratur :
Etenim res eft fragilis , & periculofa , & quæ
veritatem fallat. Nam plerique patientia five
duritia tormentorum, ita tormenta contemnunt,
ut exprimi eis veritas nullo modo poffit : alii
tanta funt impatientia , ut in quovis mentiri ,
quam pati tormenta velint. Ita fit , ut etiam
vario modo fateantur , ut non tantum fe , verum
etiam alios comminentur. L. 1. §. 23. ff. de
Quæftion.*

„ que plusieurs par leur dureté ou par leur
„ constance , méprisent les tourmens au
„ point qu'il seroit impossible d'en tirer
„ l'aveu ; tandis que d'autres sont d'une
„ telle impatience , & tellement sensibles
„ qu'ils diront les choses les plus fausses
„ plutôt que de souffrir les tourmens ; ce
„ qui dans ce cas les jette dans mille va-
„ riations , cause leur perte , & menace la
„ vie des autres. „

L'usage que les Romains firent au commencement, de la torture à l'égard de leurs
esclaves, ne sauroit le rendre recomman-
dable aux autres peuples ; il n'est propre
au-contraire qu'à le leur rendre odieux.
Personne n'ignore que s'ils les traitoient
avec tant de barbarie, c'est parce qu'ils les
séparoient alors pour ainsi dire du corps
de l'humanité, en les abaissant presque au-
dessous des brutes. S'ils avoient reconnu
l'équité & l'utilité de cette pratique de la
torture , ils ne l'auroient pas resserrée &
bornée à cette espéce d'hommes , surtout

dans les tems les plus critiques de la répu-
blique, où le péril se renouvelloit sans cesse.
N'omettons pas cependant que les Romains
usérent plus rarement de ce cruel moyen
que plusieurs nations de l'Europe ne le
font encore aujourd'hui. On ne trouve
point qu'ils l'ayent mis en œuvre pour
découvrir les complices, ou pour forcer
celui qui ne confessoit qu'un vol à en avouer
plusieurs. Il ne paroit pas qu'ils ayent
fait subir la question aux accusés, dans
l'idée de purger par là des indices , ni
pour contraindre les détenus à répondre
aux Juges. Dans tout le corps des loix
Romaines on ne lit aucun exemple d'un
Rée qui ait été torturé pour être tombé
dans quelque contradiction. Enfin personne
n'impute aux Romains d'avoir exposé ou
les prévenus ou les témoins à la question
pour des causes aussi injustes ou par des
raisons aussi frivoles , qu'on le fait aujourd'hui en divers tribunaux , non à la
vérité selon le prescript des loix ; mais se-

Ion les décisions souvent capricieuses des criminalistes qui ont écrit sur cette matiére.

Au reste l'usage de la question a tellement vieilli parmi nous, qu'il semble à ses partisans que ce soit médire des Magistrats, que de le blamer : Mais je suis bien éloigné de penser de cette maniére. Je crois au-contraire que lorsque par quelque erreur si naturelle à l'homme, surtout en des tems de barbarie, il s'est glissé quelque vice, soit dans l'administration publique, soit dans l'exercice de la justice ; si ce vice surtout s'étend au loin, en divers pays, on ne peut rien faire de plus agréable à de bons Magistrats que de les en avertir publiquement & sans détour, pour les engager plus fortement à en extirper l'abus. Seroit-ce leur faire honneur que de les croire inflexibles ? L'autorité civile sera toujours pour moi infiniment respectable ; mais je ne saurois me persuader que l'on puisse confondre le respect avec la foiblesse ou la flatterie. Et je ne ferai jamais aux chefs des

Etats l'injure de foupçonner que la vérité pût leur déplaire, comme elle déplaît fouvent au peuple; ou de fuppofer qu'ils s'attribuent le privilége chimérique de l'infaillibilité. Je ne puis donc qu'applaudir à la façon de penfer d'un critique célébre (*a*) qui parlant d'un ouvrage de JEAN GRÆVIUS fur ce fujet, s'exprime en ces termes.

Il n'y a guére de pays au monde où la queftion ne foit en ufage : Mais il faut bien remarquer que les Souverains qui l'autorifent, & qui ordonnent même quelle faffe une partie notable de la pratique criminelle, n'impofent pas aux particuliers la néceffité de croire qu'elle foit jufte. Il s'eft trouvé de tout tems, & en tout pays, plufieurs favans hommes, qui fe font donné la liberté d'en repréfenter les abus, & les injuftices. Notre Grævius eft de ceux là. Son traité mérite d'être lû. Ceci doit apprendre à certains efprits perféçuteurs, que c'eft fans raifon qu'ils

(*a*) BAYLE. Dict. Critiq. au mot. *Grævius.*

harcellent leurs ennemis , sous prétexte qu'on n'approuve pas , ou tous les usages de leur pays , ou tous les principes de ceux qui gouvernent. La soumission des sujets demande bien que l'on obéisse aux Magistrats , mais non pas qu'on croye qu'ils agissent toujours justement , & qu'entre deux usages ils n'ayent quelquefois choisi le pire. Il est même permis d'écrire pour représenter respectueusement les abus , afin de porter le Souverain à les reformer.

J'ai souvent ouï de mal habiles gens, à la vérité, défendre l'usage de la question, en disant que c'est un mal aussi nécessaire que la guerre, que l'on fait non par gout, mais par besoin. Ils ajoutent que si l'on abolissoit cette pratique, on ne pourroit ni découvrir des coupables, ni assurer la tranquilité publique. Qu'entre les scélérats, il en est plusieurs qui ne confessent leurs crimes que lorsqu'ils y sont forcés par les tourmens ; & qu'en les ménageant, les choses les plus graves & les plus intéres-

fantes pour le bien public refteroient en-
fevelies : Mais il eft aifé de répondre à
ces apologiftes de la torture. Je crois ne pas
m'écarter du vrai , en difant qu'il eft permis de fe défendre contre un ennemi armé :
mais je ne crois nullement permis de faire
fouffrir des tourmens à celui qui n'eft pas
encore reconnu coupable , & qui peut en
bien des cas pareils fe trouver très-inno-
cent. La guerre eft l'unique voye pour fe
défendre contre ceux qui s'efforcent de
nous arracher nos biens, notre liberté &
notre vie ; au lieu que la torture n'eft pas
le feul moyen de tirer la vérité de la bouche de celui qui la recéle. *La queftion*, dit
CHARRON, *eft plutôt l'épreuve de la
patience, que de la vérité. Ceux qui céde-
ront à fes douleurs la cacheront également.
Pourquoi la douleur feroit-elle dire plutôt
ce qui eft, que ce qui n'eft pas ? Si l'on
croit que l'innocent eft affez patient pour
fupporter les tourmens , pourquoi le coupable
qui n'a que ce moyen de fauver fa vie le*

fera-t-il moins ? pour ne pas faire périr un malheureux innocent, ou fait pire que de lui faire souffrir la mort. (a)

Les loix divines & humaines, le consentement de tous les peuples, & les décisions des auteurs les plus sages concourent à justifier les guerres défensives : Mais entre les écrivains les plus approuvés, il n'en est aucun qui approuve la voye de l'examen par les tourmens. Et qu'on ne dise pas que la sureté publique en sera plus exposée : Le repos des états n'a rien à craindre de la suppression de cette coutume. Les Hébreux avoient reçu de Dieu toutes les loix nécessaires à leur bien être & à leur conservation ; & cependant ils n'ont jamais employé contre les hommes suspects de crime cette cruelle pratique. L'*Angleterre*, (b) la *Suéde*, (c) la *Prusse*,

(a) CHARRON. *Analyse raisonnée de la Sagesse*. Chap. 3.

(b) CHAMBERS *Dizion delle arti* &c. *voce tortura*. BIELFELD, *Inslit. polit*. Chap. IV. §. 34.

(c) OTTON. *Tabor* Tom. II. de tort. & indic. delict. §. 18.

(*a*) & *Geneve* (*b*) qui l'ont abſolument abolie, n'en ſont ni moins heureuſes, ni moins floriſſantes.

Ces exemples ſuffiront, j'eſpére, pour diſſiper la crainte de ceux qui penſent que les crimes les plus atroces léveroient la tête avec plus d'audace, ſi l'on ſupprimoit la torture. Obſervons, & il importe de le faire, que des peines capitales infligées pour des crimes médiocres, dans la vuë de detourner les Citoyens d'en commettre de plus grands, n'empêchent point les hommes dépravés de s'y livrer, & ne ſont point un frein pour les plus noirs

(*a*) *Il y a huit ans que la Queſtion eſt abolie en Pruſſe ; on eſt ſûr de ne point confondre l'innocent, & le coupable, & la juſtice ne s'en fait pas moins.* L'Auteur de la diſſertation ſur les raiſons d'établir ou d'abréger les loix.

(*b*) *La Juſtice criminelle s'exerce avec plus d'exactitude que de rigueur. La Queſtion déjà abolie dans pluſieurs États, & qui devroit l'être par-tout, comme une cruauté inutile, eſt proſcrite à Geneve ; on ne la donne qu'à des criminels déjà condamnés à mort, pour découvrir leurs complices s'il eſt néceſſaire.* DALEM-BERT. Mélang. de Litter. Tom. II.

attentats. La tranquilité publique demande qu'on ne laisse point impunis ceux qui la troublent ; mais cela n'empêche pas que la rigueur des loix ne doive être temperée par la douceur de l'humanité ; & il ne faut jamais se mettre au hazard de voir les peines favoriser la cupidité de certains hommes, ou la passion de nuire à d'autres, plutôt que de préserver l'état, & de pourvoir à sa sureté. *Rien n'est si difforme* (disoit CICERON) que d'associer un *caractere de dureté au pouvoir suprême.* (a)

A quoi servent ces spectacles revoltans des derniers supplices, qu'à émouvoir chez plusieurs la compassion & à repaître chez plusieurs autres la simple curiosité ? peut-être encore à faire naître ou à augmenter la férocité, comme des hommes très-sages l'ont observé en divers cas. Pour la terreur, si tant est que des supplices la fassent naître,

____

(a) *Nihil est tam deforme, quam ad summum Imperium acerbitatem naturæ adjungere.* CICER. ad Quint. fratrem. Ep. I.

elle est passagere, & ne subsiste dans l'ame qu'autant que ce spectacle frappe les yeux. Que si tous ceux qui ont puni les crimes légers de peines trop griéves, n'ont pû éviter le reproche d'inhumanité ; Si l'on dit des loix que *Draco* donna aux Athéniens qu'elles étoient écrites de sang , quelle reputation de barbarie n'auront pas ceux qui donneront souvent la Torture à des innocens ?

J'avouerai sans peine que quelque coupable pourra échapper à ce supplice , s'il est exempt des tourmens : mais je vous prie, mettra-t on reméde à ce mal en les employant ? Combien de vrais criminels les ont soutenu sans rien confesser ? Ne vaut-il pas mieux de beaucoup laisser un coupable impuni que de perdre un innocent ? Le coupable peut se repentir & rentrer dans le devoir, tant qu'il jouit de la vie ; mais si l'innocent périt , comme cela arrive souvent, vû la nature des tourmens, & la foiblesse de l'homme, quelle playe pour

la focieté, de laquelle par une cruelle in-
juſtice on retranche un membre ſain qui
devoit lui être cher, & qui pouvoit la
ſervir ?

Je ne veux pas cependant éloigner une
queſtion qu'il ſemble que l'on évite avec
ſoin, & je ne puis qu'approuver l'opinion
d'*Antoine Matthieu*, qui en même tems
qu'il refute avec force, dans ſon commen-
taire ſur les crimes, les défenſeurs de la
torture en permet l'uſage dans le cas des crimes de leze majeſté, & d'autres crimes
atroces dont il eſt très probable que pluſieurs ſeroient complices, & participans.
Ces maux attaquant le plus ſenſiblement le
bonheur public, les remédes quoiqu'extrê-
mes, peuvent être emploiés pour les guérir : mais je ſouhaiterois ardemment que
ce fut avec cette précaution, de ne pas
donner aux Juges, en ce cas même, une
liberté illimitée, dont ils puſſent facilement
abuſer pour perdre qui que ce ſoit. Si les
Princes daignoient m'entendre, je dirois

que c'eft par eux - mêmes, ou par leur confeil que devroit leur être accordée la permiffion d'ufer de la queftion, lorfque de tels crimes feroient déferés : encore ne devroit-elle être accordée que contre un criminel confeffant ou convaincu. Avec ce temperament, je penfe qu'ils ne feroient rien qui ne fut très-convenable; d'un coté, en ne donnant pas aux Juges une autorité trop étendue, & quelquefois périlleufe pour l'innocence; de l'autre, en ne les expofant pas à violer la juftice par la dure néceffité à laquelle ils réduiroient le prévenu quelconque d'avouer le crime.

Je dirois encore felon les principes que j'ai pofé, que la queftion ne devroit être emploiée, que dans le feul cas où l'accufation feroit tellement prouvée aux Juges & par les voyes les plus légales, qu'ils puffent légitimement fonder fur ces preuves une fentence de condamnation ; car je ne ferois pas affez de cas des indices qui pouroient rendre fufpecte l'innocence

d'un

d'un accufé, pour croire qu'il fut permis
fur de tels indices de l'expofer aux horreurs de la Torture.   C'eft affez, comme
l'obferve très-bien *Matthieu*, c'eft affez
dans l'état douteux de la caufe, de libérer
le détenu de l'inftance, fans l'abfoudre entiérement du crime qu'on lui impute, &
de remettre en vigueur à cet égard, l'u-
fage des Romains en pareil cas, comme
on le voit dans *Briffon*, (*a*) de renvoier
à un plus ample informé par ce mot
A M P L I U S ,   ou de prononcer N O N
L I Q U E T. Car les Juges Romains ne
condamnoient pas ou n'abfolvoient pas
toujours ; & foit que le Rée n'eût pas
purgé affez clairement ce qui étoit à fa
charge, foit que les faits qui le chargeoient
ne fuffent pas affez averés, les Juges par
leur conclufion prenoient du tems pour
prononcer la condamnation, ou donnoient
du tems au Rée pour fe recueillir ; ce qui

____

(*a*) BRISSONIUS de *formul. & folemn.*
Lib. 5.

C

s'exprimoit par les termes *amplius & non liquet*. Ainſi l'innocent n'étoit ni expoſé à une condamnation injuſte, ni le coupable abſous de la peine qu'il eut méritée ; & dés que l'on venoit à découvrir de nouvelles preuves, la Procédure recommençoit de nouveau contre l'accuſé.

Nous en demeurerons là ſur l'uſage de la queſtion, déjà ſi bien & ſi fortement diſcuté par la plupart des plus ſages & des plus vertueux Philoſophes de notre ſiécle, (*a*) Uſage, qui, s'il n'eſt pas abſolument abrogé, fait déſirer ardemment à tous les gens de bien de le voir employer plus rarement, & réduit aux termes des plus grands ménagemens. J'eſpére que dans peu, la douceur du ſentiment, & l'hu-

____

(*a*) Vid. D. AUGUSTIN *de civ. Dei. lib.* 19. c. 6. & *cum eo, Lud. Vives.*
CHARRON, *de la ſageſſe*, Liv. 2. Chap. 37.
MONTAGNE. *Eſſais.* Liv. 2. Chap. 5.
MARTIN. BERNARDI. *Diſſert. de tortura e foris Chriſtianis proſcribenda,*
GREVIUS. *Tribunal reform.* &c.
VOET. *ad Pandectas. Tit.* 18. *de quæſt.*
BECCARIA. *Des délits & des peines.*

manité des mœurs amenera cette heureufe révolution, & je reviens au fujet de la *confeffion*, dont je m'étois un peu écarté.

Je l'ai déjà dit, ou du moins infinué; la feule confeffion quoique volontaire ne fuffit point pour prouver le crime, ni pour opérer par elle-même avec juftice un arrêt de mort. (*a*) Comme le dit très-bien *Samuel* Cocceius, dans fa differtation fur *Grotius*. (*b*) La confeffion ne peut jamais faire que le délit exifte là ou il n'eft pas ; vû que celui même qui confeffe ne peut être condamné à raifon d'un acte dont l'exiftence eft encore dou-teufe. (*c*) Et voila pourquoi, fi le *corps du délit* n'eft pas certain , s'il manque d'indices & de preuves, furtout des crimes cachés ; on ne pourra jamais, non feule-

(*a*) Voet. *ad Pandect.* Lib. 42. Tit. 2. n. 2.
(*b*) Differt. proëm. 12. Lib. 6. C. 4. §. 685. n. 4. & Carpzov.
(*c*) *Non omnimodo confeffus condemnari debet rei nomine qu an in rerum natura effet, incertum eft.* L. 8. ff. de Confeff.

ment se porter à rendre une sentence dé-
cisive & capitale ; mais encore on ne pourra
pas dans ce cas mettre la question en
œuvre. Rien n'est plus équitable à cet
égard que le sentiment de *Cocceius.* (a)
„ Les peines dit il, ne sont établies par
„ les loix que contre les vrais coupables,
„ & non contre ceux qui ne sont chargés que par des soupçons, ou des indices
souvent trompeurs. Il est vrai que plusieurs
Jurisconsultes le contestent, lorsqu'il s'agit
surtout de crimes cachés, qui ne peuvent
être désignés ou prouvés que très - diffici-
lement ; auquel cas ils prétendent que l'on
peut s'en tenir à la seule confession, pour que

______

(a) *Legibus pœnæ quidem in reos sunt consf-
titutæ, non in eos in quos criminum tantum su-
spiciones, vel indicia sæpé fallacia afferuntur.
At verò plures jurisperiti hic disputant in occultis
præsertim criminibus, quæ neque indicari neque
probari nisi difficillimé possunt, solam Rei con-
fessionem attendendam ne crimina impunita di-
scedant. Qui quidem haud scio, an disputatione
suá civitatem magnoperé juvent, quemadmodum
prædicant, qui cives proptereà perdant, quòd
satis firmæ non suppetant rationes cur perdant.*
CO CCEIUS. *Differt. proëm.* 12. *ubi supr.*

„ le crime ne refte pas impuni : mais je
„ ne fais fi dans le parti qu'ils prennent,
„ ils rendent, comme ils s'en flattent, un fi
„ grand fervice aux focietés , qui perdront
„ des citoyens, fans qu'on puiffe leur al-
„ leguer de raifons affez fortes pour les
„ condamner.

Il eft inconteftable que les peines n'étant
établies que pour punir des actes réels, ne
peuvent être infligées à perfonne que lorfque ces faits font bien éclaircis : mais comment le feront-ils par la fimple confeffion ?
la confeffion peut elle être eftimée la preuve
du crime ?

Les Juges doivent donc regarder comme
un devoir indifpenfable pour eux , 1°. de
bien éclaircir le fait du crime qui eft déferó
à leur tribunal ; (*a*) 2°. d'en rechercher
& d'en manifefter l'auteur, de façon néanmoins , qu'ils ne le découvrent que par

____

(*a*) D'Aguesseau. Oeuvres. Tom. IV.
Plaid. 51.
Clarus. Quæft. 4. §. 1.
Boss. Tit. de delict. n. 1.

les voies autorifées par la juftice. Dans les délits de fait permanent, *le corps du délit* doit être neceffairement défigné & caracté-rifé ; vû que s'il manquoit, ni la confeffion du Rée, ni l'affirmation des témoins, ni d'autres indices, quelque folides qu'ils fuf-fent par eux-mêmes, ne fuffiroient point pour le démontrer coupable.

„ Dans les Procédures criminelles (dit „ Mr. d'AGUESSEAU) & furtout dans „ les accufations capitales, il faut avant „ toutes chofes, que le corps du délit „ foit affuré. Jufques là la loi préfume „ toujours l'innocence plutôt que le crime, „ & elle épargne les criminels jufques à „ ce que le crime foit certain.

„ Cette preuve tirée du corps du délit „ eft tellement effentielle, (ajoute Mr. „ VOUGLANS) (a) qu'elle ne peut être „ fuppléée ni par la dépofition des témoins, „ ni par de fimples indices & conjectures,

(a) VOUGLANS. *Inftit. au droit crimin.* Part. VI. Chap. I.

„ quelques fortes qu'elles foient d'ailleurs ;
„ pas même par la confeſſion de l'accufé.

CLARUS le prouve par l'exemple d'un homicide, fur lequel pluſieurs témoins dépoferoient, comme l'ayant vû commettre (*de viſu*) ; s'il ne conſtoit pas par l'exiſtence du cadavre, celui qui en eſt nommé l'auteur ne pouroit être puni. (*a*)

Peut-être ce que j'ai dit ci-devant paroitra abfurde ; mais fi l'on y penfe férieufement, on comprendra fans peine combien cette maxime eſt conforme à la raifon ; car ce n'eſt pas tant à l'autorité des Jurifconfultes qu'à la raifon même, que j'en appelle. Qui eſt ce qu'on pourra appeller coupable, tant que le crime fera inconnu ? car c'eſt la certitude du délit & non l'accufation formée contre le Rée, qui devra le faire juger coupable.

______

(*a*) *Etiamſi multi teſtes deponerent etiam de viſu contra aliquem de homicidio per eum commiſſo, niſi tamen conſtaret de ipſo cadavere, non poteſt puniri.* CLAR. quæſt. 66. §. 1.

Mais il ne s'agit pas feulement de conã noitre le crime; il faut le connoitre & le rechercher par des voies légitimes. Enforte que fi cette connoiffance n'eft pas du reffort & de la compétance des Juges, ils y employent les perfonnes qui y font propres, comme les fages femmes dans les cas de viol, les médecins & les chirurgiens contre les homicides & ces experts employés doivent donner leur relation fous ferment, fans quoi le crime feroit encore cenfé inconnu; ce que l'on dit d'un homicide peut être dit de tous les délits. dont il peut refter quelque veftige, comme d'un incendie, dont on doit vifiter le lieu & les débris; du larcin fait avec effraction, en vifitant la fracture &c. fur le rapport fait par ferment, le délit conftaté, on pourra procéder légitimement contre celui que d'autres indices bien avérés montreront être le délinquant. (*a*)

(*a*) *Quæ dicta funt de homicidio intelligenda funt etiam de fimilibus delictis, quorum remanent*

Mais soit qu'il s'agisse d'un délit de fait permanent, si l'on n'a pas un corps de délit bien avéré, aucune preuve ne peut suffire pour condamner légitimement le Rée ; soit qu'il s'agisse d'un délit de fait passager, il faut suppléer au corps de délit qui manque, ou par l'examen attentif des témoins, ou par celui des autres preuves & des indices les plus certains, par lesquels on peut faire légalement conster du délit ; sans quoi il seroit injuste de condamner le prévenu comme en étant bien réellement l'auteur.

Mais il n'est pas besoin d'insister plus long-tems sur une chose si juste & si claire par elle-même. Ce qu'il importe seulement

vestigia, puta in incendio, & visitetur locus incendii, & reliquiæ combustionis ; in furto, ut videatur fractura in arca, ostio vel pariete, in stupro illato puero. vel vi illata puellæ, ut inspiciantur partes pudendæ per obstetrices, vel chirurgos, vel alias personas, ut quotidie fit ; & ubi talis personæ referunt cum juramento se credere stuprum illatum vel puellam corruptam fuisse, satis dicetur constare de delicto, ad hoc, ut contra delinquentem procedi possit. CLARUS. Quæst. 4. §. quando verò sub fin.

de bien obferver, c'eft le nombre d'innocens qui ont péri misérablement par la
négligence à vérifier la réalité du crime, &
en particulier celle du corps du délit. Que
d'exemples les hiftoriens ne nous en four-
niffent - ils pas, qu'il feroit trop long de
rapporter ; & combien de Juges fe font
rendus coupables par l'oubli de cet important
article ! J'en rapporterai un feul que je
n'ai pû lire dans le Recueil d'arrêts d'*Annæus Robert*, qu'avec la plus vive fenfi-
bilité, & fans déplorer la miférable condition de ceux, dont la vie eft livrée à la
folie, pour ne pas dire à la fureur ou au
fanatifme de leurs femblables.

„ Une femme veuve ayant difparu tout-
„ à-coup du village d'Icci fa patrie, fans
„ être apperçue dès-lors dans aucun lieu
„ du voifinage, le bruit courut qu'elle
„ avoit peri par la main de quelque fce-
„ lerat, qui avoit jetté ou enfeveli fon
„ corps à l'écart, de façon que l'on ne
„ put le trouver ; le Juge criminel de la

,, Province faifant des perquifitions à ce
,, fujet en vertu de fon office , fes officiers
,, apperçurent par hazard un homme caché
,, dans une brouffaille ; il leur parut étonné
,, & tremblant ; iis s'en faifirent , & fur
,, le fimple foupçon qu'il étoit l'auteur du
,, crime , ce Juge le défera au Préfidial
,, de la Province. Cet homme fans avoir
,, pu être ébranlé par la terreur de la
,, queftion , ni vaincu dans fa négative
,, par les tourmens ; mais par pur défefpoir
,, & comme las de la vie , fe reconnût
,, enfin coupable du meurtre qu'il igno-
,, roit. Interrogé de nouveau par les Juges ,
,, il confeffa d'avoir tué cette femme ; &
,, fur cet aveu , quoique non convaincu
,, par aucune preuve , il fut condamné ,
,, & puni de mort. L'évenement feul juf-
,, tifia fa mémoire & fon innocence. Deux
,, ans après , cette femme qui n'étoit
,, qu'abfente , revint au village. On accufa
,, les Juges d'une injuftice manifefte &
,, d'une faute inexcufable ; la préfence de

„ la femme prouvoit affez l'injuftice de
„ l'arrèt de mort; & la faute étoit pal-
„ pable en ce qu'ils avoient condamné le
„ prévenu, fans avoir fait auparavant bien
„ confter de l'homicide. (*a*)

Quels maux ne peuvent pas caufer par
de telles fautes des Juges inattentifs! Mais
je fuis trop ému par ce funefte tableau, &
je m'en éloigne par humanité. Je finirai
ce chapitre par cette réflexion d'HEI-
NECCIUS, bien digne d'être pefée. *S'il
importe, dit - il, aux focietés, que les délits
ne reftent pas impunis ; il importe bien plus
encore que des innocens ne foient pas facri-
fiés par des fupplices cruels, & qu'on ne
faffe pas des exemples en la perfonne de
ceux qui ne font expofés à l'animadverfion
publique, que parce qu'on admet contr'eux
les horreurs de la calomnie. (*b*)*

(*a*) ANNÆUS ROBERT. Rerum jud. L. I. C. 4.
(*b*) *Quemadmodum intereft reipublicæ, ne delicta impunè admittantur : ita ejufmodi multò
magis refert, ne innocentes fupplicio adficiantur,
aut exempla fiant in eos, qui nullo alio crimine
animadverfionem merentur, quam calumnia ad-
verfum fe ipfos admiffa.* HEINECC. de relig.
jud. circa reor. confeff. Exercit. 18. §. 6.

DES JUGEMENTS
CAPITAUX.

II.

C'Est affurément une grande erreur, de croire que l'on ne pourvoit à la fureté publique, qu'autant que l'on punit féverement tout citoyen accufé de crime. L'on fentiroit combien cette façon de penfer eft erronée, en diftinguant avec foin le crime du criminel : car quoique le crime foit averé, le criminel peut ètre incertain ; ces deux objets n'étant pas liés enfemble, de façon que la connoiffance que l'on a de l'une entraine neceffairement celle de l'autre. Je n'ignore pas la maxime de droit fur laquelle fe fondent la plûpart des Jurifconfultes, que *le confeffant eft eftimé déjà condamné*, (a) & que fur la foi de cette dé-

____

(a) *Confeffus habetur pro judicato.* L. 1. ff. de Confeff.

cifion ils prononcent très affirmativement que la feule confeffion du crime jointe à l'exiftence manifefte du corps de délit, peut tenir lieu d'une preuve pleine & complette : mais ils ne feroient pas tombés dans une fi grande erreur, s'ils avoient tiré l'interprétation de cette loi , moins des expreffions dans lefquelles elle eft con_cue, que de la pratique même du Bareau Romain. Les termes de cette loi pouvant être tournés en divers fens. Les Romains vouloient que quiconque déferoit un crime en prouvât la réalité, (a) ce qui montre affez que la confeffion du Rée n'étoit pas cenfée faire par elle-même la preuve, mais étoit regardée comme un acte qui la ren-doit plus complette , en y ajoutant un plus grand degré de conviction , car fans cela les accufateurs n'auroient jamais pris le parti d'expofer leur vie, fur la fimple efpérance que l'accufé donneroit du poids à l'accufation par fon aveu. Joint à cela

(a) L. 17. Cod. *de accufat. & infcript.*

que la coutume Romaine , en matiere d'accufation différoit totalement de la nôtre ; de forte que nous ne pourrions fuivre dans nos tribunaux le préfcrit de la loi 1. ff. *de Confeſſis* , fans nous écarter tout-à-fait du ftile de nos propres loix , & même de l'équité & de la raifon.

Comment en effet la feule confeffion du Rée jointe au corps du délit pouvoit elle conduire le Juge à prononcer contre lui une peine capitale ? Car pour ce qui regarde le *corpus delicti* , nous avons déjà prouvé qu'il ne prouve rien que le délit , fans montrer le délinquant , & pour ce qui eft de la confeffion , l'expérience nous apprend affez par un grand nombre d'exemples , l'infuffifance ou la fauffeté fréquente de cette preuve. Les uns ennuyés des longueurs de la prifon ; d'autres effrayés des rigueurs de la torture , laiffent échapper un aveu des crimes qu'ils n'ont point commis ; auffi DAUMAT , (a) dit-il *que*

____

(a) DAUMAT. Les loix civiles &c. Liv. III fect. 5. §. 1. not.

dans les crimes capitaux la confeſſion d'un accuſé ne ſuffit pas pour le condamner, s'il n'y a pas d'autres preuves, parce qu'il ſe pourroit faire qu'une telle confeſſion ne fut que l'effet du trouble & du déſeſpoir.

Cette vérité eſt très-bien établie par Quintilien &'par Ciceron; le premier nous dit que „ telle eſt la nature „ de toute confeſſion, que quiconque fait „ l'aveu d'un crime, peut être cru en „ démence. L'un y eſt pouſſé par la fureur, „ un autre par une forte d'yvreſſe ; l'un y „ eſt conduit par mépriſe, & l'autre pouſſé „ par la douleur, quelqu'autre par le ſeul „ effroi de la queſtion. Perſonne ne parle „ contre ſoi-même s'il n'y eſt forcé. (a) Ciceron s'exprime de cette maniere;

„ La douleur régle la meſure des tour- „ mens, le tempérament ou le caractere de

(a) *Ea natura eſt omnis confeſſionis, ut poſſit videri demens qui de ſe confitetur. Hic furore impulſus eſt, alius ebrietate, alius errore, alius dolore, quidam quæſtione. Nemo contra ſe dicit, niſi aliquo cogente.* Quintilian. decl. 314,

„ de chacun fait varier cette mesure : tan-
„ tôt c'est la fermeté de l'ame , d'autrefois
„ c'est la force du corps ; celui qui les
„ inflige en détermine le degré & la durée :
„ la passion , l'espérance , la crainte , en va-
„ rient l'impression ; en de telles extrémités ,
„ on ne peut esperer de trouver la vérité ,
„ & à bien dire on ne peut compter sur
„ rien. (*a*)

Soit donc que l'aveu soit forcé ou volontaire , il est clair , qu'on ne peut s'y
fier pour prononcer un jugement capital.
Si ceux qui estiment qu'un aveu volontaire
joint au corps du délit peut suffire , pour
les autoriser à dicter une peine capitale
sans une attention plus sérieuse au poids
des raisons contraires , & au langage des
loix , ils trouveront je m'assure , que ce sentiment répugne également à la raison &

____

(*a*) *Tormentis gubernat dolor , moderatur
natura cujusque , tùm animi tum corporis , regit
quæstor , flectit libido , corrumpit spes , infirmat
metus , ut in tot rerum angustiis , nihil veritati
loci relinquatur.* CICER. pro publ. sylla. n. 26.

D

aux loix, dont voici les propres termes,
(*a*) L'Empereur *Sévére* déclare dans son
réfcript QUE LES AVEUX DES RE'ES
NE DOIVENT POINT ETRE RE-
ÇUS PAR LE JUGE COMME DES
CRIMES PROUVE'S, SI NULLE AU-
TRE PREUVE NE VIENT ECLAI-
RER SA CONSCIENCE. Et dans la
même loi §. 27. on lit encore ces paroles,
fi quelqu'un fe confeffe volontairement cou-
pable de crime, il ne faut pas toujours
l'en croire; vû que c'eft quelquefois l'effet
de la crainte ou de quelqu'autre caufe, qui
le porte à faire cet aveu contre lui-même.
(*b*) Ces loix & ces confidérations ne
fuffiront-elles pas pour faire fentir combien l'opinion contraire feroit hazardée.

(*a*) *Divus Severus refcripfit* CONFESSIO-
NES REORUM PRO EXPLORATIS
FACINORIBUS HABERI NON OPOR-
TET, SI NULLA PROBATIO RELI-
GIONEM COGNOSCENTIS INSTRUAT.
Et in eadem lege §. 27. *Si quis ultro de male-*
ficio fateatur, non femper ei fides habenda eft;
nonnunquam enim aut metu, aut qua alia decaufa
in fe confitentur. Liv. 1. §. 17. & §.27. ff. *de quæft.*

III.

POur prouver avec quelle précaution un Juge doit procéder dans les caufes criminelles, il ne faut que fe dire qu'elles ont pour objet la vie des hommes ; c'eft-à-dire le plus précieux des biens dont l'homme puiffe jouir ici bas. Dès-là fe pourroit-il que ce juge negligeât la moindre chofe de tout ce qui feroit propre à l'éclairer, dans la recherche du véritable auteur du crime que nous fuppofons bien averé. Il mettra tous fes foins à ce que par fa faute il n'arrive aucun tort à la focieté dont il eft membre ; car il fe peut faire, & il n'arrive que trop fouvent que l'inapplication d'un Juge eft la vraie caufe de la perte d'un innocent, l'un des cas les plus affligéans qui puiffe arriver à la patrie. Auffi eft-il du devoir des Juges de ne rien omettre pour donner le plus grand jour à la vérité, & pour cela ils doivent comparer avec le foin le plus fcrupuleux les indices que leur préfentent l'accufateur ou le filc, avec les arguments, que le Rée allégue pour fa défenfe ; de façon qu'ils parviennent enfin à la pleine connoiffance du fait qu'ils recherchent. „ Ceux qui „ s'occupent des grandes affaires, difoit. „ *Demofthenes*, ne doivent fe diftraire par „ aucune raifon que ce puiffe être, des „ idées qui peuvent les conduire à les bien „ traiter. (*a*)

Les légiflateurs femblent avoir penfé plutôt à fixer le genre des peines, qu'à établir le genre des preuves fur lefquelles les Juges devoient fonder leurs fentences ; mais il paroit affez par le ftyle & l'enchai-nure des loix, quelles preuves peuvent être reçues en matieres capitales. Ce que nous avons dit ci-devant peut fuffire fur ce fujet. Quelqu'un demande-t-il encore, fi

______

(*a*) *Oportet eos, qui magnis de rebus con-fultant, nullam, ulla de caufa cogitationem præ-termittere.* DEMOSTHENES, orat. de ord. civitat.

le corps du délit étant bien averé, & le Juge ayant la confeſſion préciſe du Réc, il ſera autoriſé à prononcer ſa ſentence ? Je rappellerai ce que j'ai dit ci-deſſus ſur la confeſſion ; il en reſultera que cet aveu du Réc ne faiſant pas une preuve pleine & entiere, il faudra recourir à d'autres preuves, ou avoir des indices indubitables qui la complettent : mais quelles ſeront ces preuves, ou de quels indices pourra-t-on ſe contenter ? C'eſt ce que ni moi ni perſonne encore n'a oſé déterminer en général ; les circonſtances des crimes étant ſujettes à varier preſque à l'infini ; les preuves & les indices devant ſe déduire de ces circonſtances, il faut néceſſairement que & les preuves & les indices les plus clairs varient à proportion. Il eſt donc impoſſible de les reduire à un genre déterminé, & de les aſſujettir à des principes invariables. Les Romains eux-mêmes qui obligeoient par leurs loix l'accuſateur à prouver le crime, n'avoient rien préſcrit de poſitif à cet égard, ni ſpécifié quelles preuves cet accuſateur devroit fournir. Ecoutons la loi qui prouve ce que j'avance. „ Que tous les accuſateurs ſachent que „ lorſqu'ils forment une accuſation publique, „ ils doivent la munir de témoignages „ ſuffiſans, ou de piéces convaincantes; „ ou l'appuyer enfin par des indices pro- „ b..nts, qui ſoient plus clairs que le „ jour. (a) D'où il paroit ſans équivoque avec quelles précautions les Juges Romains étoient obligés de proceder en matieres capitales, pour éviter que l'innocent ne ſuccombât ſous d'artificieuſes accuſations, & que néanmoins ces précautions étoient laiſſées à la réligion du Juge, pour décider ſi & à quel point le Juge devoit admettre les preuves fournies par l'accuſateur. On le voit diſtinctement par le réſcript de

______

(a) *Sciant cuncti accuſatores eam ſe rem de-* *ferre in publicam rationem, que munita ſit ido-* *neis teſtibus, vel inſtructa apertiſſimis documen-* *tis, vel indiciis ad plenam probationem indubitatis* *& luce clarioribus.* L. ult. C. de probat.

l'Empereur HADRIEN à *Valerius Verus*.

„ Il est impossible (dit il) de déterminer
„ au juste, quelles preuves suffisent à cha-
„ que genre de choses : Ainsi il arrive
„ souvent, quoique pas toujours, que l'on
„ découvre la vérité d'un fait, sans le cons-
„ tater par des monumens publics. Tantôt
„ c'est le nombre des témoins qui en fait
„ la preuve ; tantôt, c'est la dignité &
„ l'autorité de ceux qui témoignent ; en
„ d'autres cas c'est la voix publique qui
„ doit constater le fait qu'on recherche.
„ Tout ce donc que je puis vous dire en
„ bref pour votre regle, c'est que VOUS
„ NE DEVEZ PAS VOUS EN TENIR
„ A UN SEUL GENRE DE PREUVES
„ POUR FONDER VOTRE SEN-
„ TENCE: MAIS CONSULTER IN-
„ TERIEUREMENT VOTRE CON-
„ SCIENCE, POUR DETERMINER
„ CE QUE VOUS CROYEZ BIEN
„ OU MAL PROUVE'. (*a*).

(*a*) *Quæ argumenta ad quem modum pro-*

On peut voir par cette loi & par l'ordre judiciaire obfervé conftamment par les Romains , combien peu on doit fe hater & précipiter les décifions , lorfqu'il s'agit de répandre le fang humain. En y penfant je ne puis affez m'étonner de l'inhumanité ou de la précipitation de certains Juges , qui ne femblent armés de l'autorité publique que comme des enfans le feroient d'un dard qu'ils lanceroient à tort & à droit fur les paffans. Et perfonne n'oferoit nous oppofer la pratique d'aucun Bareau , ni l'autorité des Jurifconfultes ; car où la raifon parle , nous ne pourrons

bandæ cuique rei fufficiant , nullo certo modo fatis definiri poteſt ; ficut non femper , ita fæpe fine publicis monumentis cujufque rei veritas deprehenditur. Aliàs numerus teſtium , aliàs dignitas & autoritas , aliàs veluti confentiens fama confirmat rei , de qua quæritur , fidem. Hoc ergo folum tibi refcribere poſſum fummatim NON UTIQUE AD UNAM PROBATIONIS SPECIEM COGNITIONEM STATIM ALLIGARI DEBERE , SED EX SEN-TENTIA ANIMI TUI TE ÆSTIMARE OPORTERE , QUID AUT CREDAS , AUT PARUM PROBATUM TIBI OPI-NARIS. *L. 3. ff. de Teftibus.*

être ébranlés par l'autorité de qui que ce soit, ni par le nombre des contradicteurs : mais j'ai déjà allégué, & je reclame encore l'autorité de divers Jurisconsultes qui défendent avec moi la même thése ; singulierement de celui qui enseigne avec tant de distinction le droit criminel à *Vienne* en *Autriche*. Ce savant homme n'hésite point à décider qu'on ne doit ajouter foi aux confessions d'un accusé qu'autant que la vérité de cet aveu est appuyée par les lumieres que fournit l'information ; qu'il conste d'ailleurs que les circonstances avouées par le prévenu sont vraies , & qu'elles sont d'accord avec le fait même. (*a*)

Je fais plus de cas comme je le dois d'une autorité fondée sur les principes de la droite raison, & sur le langage respectable des loix, que de toute autre qui sera destituée de cet appui. Car pour ce qui est de la pratique du Bareau à cet

(*a*) B A N N I S A M. Systhem. Jurisprud. crimin. Cap. 13. §. 16.

égard, on a plutôt lieu d'être furpris qu'elle ait pû fe foutenir fi long tems, & en tant de lieux, contre le cri de la raifon & des loix, que de craindre qu'elle retarde chez nous la reforme de la procedure judiciaire; la Philofophie ayant déjà fait ailleurs de fi merveilleux progres, nous avons tout lieu d'en efperer de pareils. Dans le fond „ les „ ufages introduits mal à propos, & les „ mauvaifes coutumes n'acquierent aucune „ autorité ni par la longueur du tems, ni „ par une pratique invéterée. (*a*) Et des „ abus que la raifon n'a pas introduits, „ mais uniquement l'erreur confacrée par „ l'habitude, ne peuvent être allegués pour „ apuyer ce que l'on doit faire en des cas „ de même genre. (*b*)

Je ne finirai point ce chapitre fans adref-fer encore aux Juges le même avertiffe-

______

(*a*) Male adinventa malæque confuetudines, neque ex longo tempore neque ex longa confuetudine confirmantur. Novell. 154. Cap. I.

(*b*) Quod non ratione introductum, fed errore primum, deinde confuetudine obtentum eft, in aliis fimilibus non obtineri. L. 39. ff. de L. L.

ment que les Juges Romains adreſſoient aux accuſateurs; c'eſt que, pour que les indices ſoient recevables, *il faut qu'ils ne ſoient ſujets à aucun doute, & qu'ils ſoient plus clairs que le jour;* mais je leur dirai ſur-tout qu'*il vaut mieux laiſſer impuni un coupable que de punir un homme innocent.* (a)

(a) L. 5. ff. de pœnis.

Lorſque que j'ai dit que dans les cas ou les crimes imputés n'étoient pas clairement prouvés, il falloit s'en tenir à ce que les anciens appelloient l'*ampliation*, par un renvoi à un plus ample informé; qu'ils exprimoient par ces deux lettres N. L. *non liquet;* Je n'ai voulu parler que des crimes qui ne ſont pas de la plus grande importance. Quant à ceux dont le péril mettroit l'état en danger, j'eſtime qu'on pourroit expulſer le Rée par un exil. C'eſt dans cet Eſprit que *Ciceron* faiſant la fonction de premier Magiſtrat, parloit à *L. Catilina*, accuſé de rebellion, en lui adreſſant ce dilemme au nom de la Republique ou de la Patrie. „ Éloignez-vous de ces lieux „ Catilina, pour nous delivrer de l'oppreſſion. „ Si la crainte eſt juſte; ou ſi elle eſt mal fon- „ dée, pour nous delivrer de la crainte même. *Diſcede; atque hunc mihi timorem eripe; ſi* „ *verus, ne opprimar; ſin falſu, ut tandem* „ *aliquando timere deſinam.* Oratio in L. Catilin. n°. 8. La harangue entiere avoit pour objet que *Catilina* s'exila lui-même.

DES TEMOINS.

I.

DE toutes les preuves, il n'en eft point de plus fure ni de plus équitable que l'affirmation pofitive des témoins. C'étoit celle qui étoit reçue & conftamment fuivie par les Hebreux dans leurs Jugements, felon l'ordre exprès de Dieu. *On fera mourir fur la parole de deux ou de trois témoins, celui qui doit être puni de mort.* Mais quoique felon la condition de notre nature il n'y ait pas de preuve plus affurée, on ne peut pas dire que celle-ci foit exemte de toute incertitude, & ne foit fujette à aucune erreur. Les hommes ne pouvant juger de rien que fur le rapport des fens, il leur arrive fouvent de juger à faux, lorfqu'ils prononcent que les chofes font telles qu'elles leur paroiffent. Le témoignage des fens n'emportant que cette idée, fujette à varier entre les témoins ; ils ne doivent pas fe porter legerement à nier ou à affirmer les choses dont ils témoignent; & s'ils varient entr'eux quelle créance pourra-t-on donner à leur témoignage ? *O misérable condition des mortels ,* (s'écrie QUINTILIEN) (a) *que tout ce que nous faisons ait besoin d'être attesté; que la vérité seule ne puisse se faire entendre ; que la simple fidelité ne suffise pas , & qu'on ne croye pas encore assez bien prouvé ce que deux témoins attestent !*

Pour se garantir de cet inconvenient, autant que la raison & la nature des choses peuvent le permettre, il falloit nécessairement imaginer & fixer quelques principes , au moyen desquels on put discerner avec sureté les témoignages faux ou erronés de ceux qui sont vrais & certains. Ces principes se reduisent à l'examen le plus

____

(a) *Misera conditio mortalitatis , quando omnibus jam, quæ agimus, videtur opus esse teste. Ita parum facit veritas , ita nullum nomen fidei non satis videri potest probatum, quod duo sciunt.* QUINTIL. Declam. 312.

attentif de la *dignité*, du *caractere*, des
mœurs, & de la *gravité* des témoins, de
façon que l'on n'admette point contre le
Rée de témoignages vicieux, & suspects de
quelque passion, plutôt que dictés par le
pur amour de la vérité. (*a*) Sur quoi
PUFFENDORF s'exprime de cette maniere. „ Quoique la loi naturelle & la
„ religion du serment obligent pour l'or-
„ dinaire les témoins à dire la vérité, le
„ plus sûr sera de ne point admettre ceux
„ qui pourroient être disposés à l'égard de
„ l'une ou l'autre des parties de façon que
„ la faveur, la haine, la vengeance, ou
„ toute autre passion de l'ame, des liai-
„ sons même très étroites, se trouvassent
„ en conflict avec le sentiment de la con-
„ science ; tous les hommes n'ayant pas
„ assez de constance pour y resister. (*b*)
Ce fut sur ce principe que les législa-

_____

(*a*) L.. 2 & 3. §. 1. de Testib.
(*a*) PUFFENDORF. de off. hom. & civ.
Lib. II. Cap. 1. §. 10.

teurs Anglois, confidérant la haine implacable qui regnoit anciennement entre les nations Angloife & Ecoſſoife, défendirent très fagement de recevoir le témoignage d'un Anglois contre un Ecoſſois, ni d'un Ecoſſois contre un Anglois ; (*a*) préfumant que la véracité des témoins pourroit être alterée par l'animofité ou par la faveur ; enforte que fi des Anglois avoient vu de leurs yeux un Ecoſſois commettre un meurtre, leur témoignage eu été de nul effet s'il n'étoit confirmé par celui d'un Ecoſſois.

Delà vient encore que les loix Romaines n'admettoient le témoignage ni des parens proches, ni des amis, ni des efclaves contre leurs maitres. (*b*) Elles l'interdifoient dans tous les cas ou les perfonnes étoient unies par d'étroites relations, dans la crainte que le Jugement de la raifon ne fut cor-

(*a*) PUFFENDORF. Droit de la N. & des G. Lib. V. Chap. 13. §. 8. erg. *Cambden* ann. 1585.
(*b*) L. 9. ff. *de Teſtib.* l. 4. ff. eod. L. 6. Cod. eod. L. 3. Cod. de Teſt.

rompu par le fentiment de la nature. *(a)*
Elles tenoient pour fufpect à raifon de
l'age, de la reputation, de quelque intérêt
ou de quelque affociation dans le crime.
Ainfi elles ne recevoient point à témoigner
les jeunes hommes avant l'âge de 26. ans.
(b) Elles en excluoient les femmes de
mauvaife vie, *(c)* & toute perfonne de-
clarée infame. *(d)* En un mot on n'a
rien négligé pour que la fainteté & la
vérité des témoignages ne contractât ni le
vice ni la legereté des témoins.

Qu'on me permette de rappeller ici un
ufage très ancien & affez généralement reçu
dans les Tribunaux, qui malgré fa bizarre-
rie, avoit pris faveur, je veux dire celui
de purger l'infamie des témoins par la

queftion

*(a) Fruftra petitur teftimonium ubi cum ra-
tione metui poteft, ne a natura fui ftudiofa
corrumpatur.* NOODT. Oper. Tit. de Teft.
(b) L. 20. ff. *de Teftib.*
(c) L. 3. §. 5. ff. eod.
(d) L. 3. ff. eod. & pour les fauteurs du
crime. L. 11. Cod. eod.

queftion ; comme fi la force ou la foibleffe des mufcles pouvoit décider de la bonne ou de la mauvaife reputation ; comme fi des témoins nerveux étoient néceffairement les plus habiles au témoignage ; ne diroit-on pas qu'ils dépouillent leur infamie dans les tourmens, comme les ferpens laiffent leur hideufe dépouille entre les épines des buiffons ? ou qu'il en eft comme de l'or qui s'épure par le feu. Eft-ce donc que le vice du témoignage fe diffipe ou fe corrige fur un chevalet ? que la dislocation des os change l'opinion ou régle le jugement des hommes ? La poulie qui éléve ce malheureux & qui le tiraille eft-elle plus propre à tirer de fa bouche la vérité que le menfonge ? Calomniera-t il moins quand il fera élevé ? Celui qui fe préfente en jugement pour perdre le Rée, n'a-t-il pas confulté la force de fes bras avant d'y venir ? Ceux qui ne croyent pas que cela puiffe être, ignorent à quel degré de fureur peut conduire la paffion de perdre un

E

ennemi; & non seulement le defir ardent de le perdre ; mais auffi celui de fe conferver foi - même : Car, n'ignorant pas à quelles peines s'expofe celui qui s'avoue coupable d'une grave calomnie , il raffemblera toutes fes forces & tout fon courage pour fe garantir d'un pareil foupçon. Je fens que la chaleur de cette théfe m'anime peut-être plus qu'il ne convenoit dans un cas ou la voix de la feule Philofophie fe faifoit fi bien entendre. Je m'apperçois même que le zele m'a fait fortir du caractere ordinaire de mon ftyle : Mais ceux qui ont réflechi & écrit fur ce fujet, m'excuferont d'autant plus aifément qu'eux mêmes n'ont pû s'empêcher de s'animer fur un tel fujet; & s'il y a encore des partifans d'une erreur pareille , ce n'eft point par un difcours temperé qu'on pourra les en convaincre; il faut les en arracher avec une forte de violence. (*a*)

______

(*b*) Je vais tranfcrire le paffage même pour en faire mieux fentir l'énergie.

Je fais qu'une partie des choses qu'on
dit ici fur la matiere des témoins & qui

*Hic innuere liceat jamdiu inveteratam , ac
fere ubique vulgatam confuetudinem , quâ fit ,
uti teftium infamia quæftionis ufu purgetur ;
quafi vero ex pectoribus , ex tergis , ex lacertorum
toris bona cujufque vel mala fama fit æftimanda :
ut nervofi omnes teftes ad teftimonium dicendum
admittendi fint , contra enerves rejiciendi : quafi
uti ferpentes inter dumeta fquammæ , ita infamiæ
exuvias inter tormenta teftes deponant : quafi uti
auri fcoria igne , ita teftimonii equuleo excoqua-
tur : quafi offium luxaturæ & fracturæ , humanas
opiniones , ac judicia moderantur , & regant :
quafi fi metuas ne quis humi calumniatus fuerit ,
metuendum tibi non fit , ne idem fublime ca-
lumnietur ; quafi trochlea nata effet potius ad
veritatem , quam mendacium ex hominis fufpenfi
ore eliciendum. Quafi qui paratus ad Reum per-
dendum in forum venerit , non etiam ad brachia
experienda paratus venerit. Id videlicet ii tantum ignorant , qui ignorant , quantum in uno
homine vim poffideat alterius hominis perdendi
libido : alterius inquam hominis perdendi libido ?
Immo vero fui etiam confervandi , qui cum non
nefciat graviffimas pœnas fibi paratas , fi qua
prava cupiditate fe ad calumniandum prolabfium
effe fateatur , nervos omnes contendet , ut ca-
lumniatoris fufpicionem a fe avertat. Sentio me
hujufce difputationis æftu paulo vehementius ,
quam fortaffe , in tanta philofophiæ luce opus
erat incaluiffe , atque ab ufitato fcribendi genere
difceffiffe. At qui de hoc ipfo philofophati funt ,
mihi facile ignofcent , qui ipfi experti fuerint , vix
in hac orationis parte fibi fe temperaffe potuiffe.*

E 2

font confirmées par les loix font regardées comme douteufes par quelques Jurifcon-fultes : mais qui en croirons nous plutôt de ces Jurifconfultes ou bien des législateurs ? & BOEHMER obferve très-bien là deffus que „ plus le préjugé qui nait „ du crime a de poids & de force, plus „ la preuve de ce crime doit avoir de „ clarté & d'énergie ; de forte que des „ témoins inhabiles ne font pas propres, „ en des matieres fi graves , à nous en „ convaincre de maniere à ne laiffer aucun „ doute. (a)

Quodfi qui adhuc in errore verfantur , non le niter educendi , fed violenter eripiendi videntur ; tam multa iis repagula iis obftant.

(a) BOEHMER. Sect. I. Cap. XI. §. 200.

II.

NOus venons de voir quels devroient être les témoins; voyons à préfent dans quel nombre ils doivent être pour faire preuve. Déjà les loix divines & humaines ne permettent pas que perfonne foit condamné fur la foi & la depofition d'un feul témoin. *Un témoin feul* (dit Dieu dans fa loi) *ne fera point valable contre un homme, en quelque crime & péché que ce foit ; mais fur la parole de deux ou de trois témoins la chofe fera valable.* (a) La loi du Code y eft conforme. „ Nous ordonnons (dit „ l'Empereur) que l'on ne faffe aucune „ attention à la déclaration d'un feul té- „ moin, quand même il feroit Préfident „ du tribunal illuftre de la juftice. (b) Mr. DE MONTESQUIEU juftifie par

(a) *Deuteron.* XIX. v. 15.
(b) *Nunc manifefte fancimus , ut unius omnino teftis refponfio non audiatur , etiamfi præclaræ curiæ honore præfulgeat.* L. 9. C. de Teft.

le raifonnement cette décifion. *La raifon*
(dit il) en exige deux ; parce qu'un témoin
qui affirme , & un accufé qui nie font un
partage ; & il faut un tiers pour le vui-
der. (*a*) Et il n'eft pas difficile de comprendre pourquoi, & la raifon & les loix
ne s'en rapportent pas à un feul témoin.
Outre qu'un feul homme, quelque probité
qu'il ait, ou quelque prudent qu'il foit,
peut ètre trompé ou fe tromper lui mème
fur le fujet dont il témoigne. Ce que
PUFFENDORF obferve d'près *Pline* le
naturalifte, mérite d'ètre pefé. „ C'eft qu'il
„ n'eft point de menfonge, quelque hardi
„ qu'il foit, qui ne puiffe trouver un
„ témoin. (*b*) Il n'y a pas lieu à la mème
crainte , lorfque deux perfonnes dignes
de foi font parfaitement d'accord dans leur
témoignage.

(*a*) *Efprit des loix.* Liv. XII. Chap. III.
(*b*) *Nullum impudens eft mendacium , quod*
tefte careat. PLIN. Hift. nat. ap. Puffend. de I.
N. & G. Lib. V. Cap. 13. §. 9.

Les loix civiles n'exigent pas des Juges qu'ils fe déterminent uniquemen fur des preuves qui à tous égards ne laiſſent ab‑folument aucun lieu au doute : & je ne vois pas que la choſe fut toujours poſſible; je vois feulement que deux témoins bien caractériſés qui dépoſent avoir vû de leurs yeux le fait qu'ils atteſtent, rendent ce témoignage très croyable aux Juges; fur‑quoi Puffendorf obſerve très à propos, ,, que quoique par ce moyen ,, quelques crimes échappent à la ven‑ ,, geance des tribunaux humains, & qu'uno ,, bonne cauſe fe perde quelquefois, parce ,, qu'il n'y a qu'un feul témoin; cet in‑ ,, convenient eſt moindre cependant que ,, celui auquel on feroit expoſé, ſi les ,, biens & la vie de chacun dépendoient ,, de l'habileté à mentir, & de l'effronterio ,, d'un fcélérat. (a)

Mais quoique deux témoins, comme je

____

(a) Plin. loco fuprad.

l'ai dit ci-devant, fuffifent pour déclarer le Rée coupable, & convaincu de ce dont il eft chargé; cependant, comme la force de cette preuve repofe fur le concours de deux témoignages parfaitement égaux, & qu'il arrive fouvent que l'un de ces témoignages n'eft pas entiérement d'accord, fur des circonftances effentielles; les loix laiffent à la prudence des Juges, d'entendre plufieurs autres témoins, (*a*) de la même maifon, de la même famille, des peres même & des enfans, (*b*) pour qu'un témoignage fupplée à celui de l'autre, & que de l'aveu de tous, il réfulte une preuve pleine & entiere.

(*a*) L. 1. ff. §. 2. ff. de Teft.
(*b*) L. 17. ff. eod. Tit.

III.

JE doute qu'on puiffe rien ajouter d'ef-
fentiel aux précautions que nous avons
indiquées, pour faire fentir aux Juges avec
quel poids & quelle mefure ils doivent
procéder à l'examen de tout ce qui peut
les conduire à condamner en matiere capitale : mais lorfqu'il s'agit de la vie , aucune précaution ne devra leur paroitre
fuperflue pour fe garantir d'une erreur qui
pourroit caufer le plus grand des maux ;
Ainfi chez les *Hebreux*, les Juges , devant
que d'entendre les témoins , les avertiffoient
férieufement de l'importance de ce devoir ,
ils les exhortoient de ne pas laiffer échapper par inattention ou par imprudence un
feul mot , qui ne cadrât exactement avec
l'objet de leur témoignage. Les témoins
appellés par le Juge étoient exhortés à ne
rien dire par conjecture ou fur des bruits
publics ; quand même ils l'euffent ouï de

la bouche d'un témoin, ou de quelque autre homme digne de foi. „ Ignorez-vous, (leur difoit-il) „ que nous vous examine-
„ rons, & vous fonderons vous mêmes?
„ penfez bien, que les jugements qui ont
„ pour objet la vie fe traitent tout autre-
„ ment que ceux qui roulent fur des in-
„ térêts pécuniaires. Dans ceux-ci on peut
„ dédommager celui qui en fouffre ; mais
„ fi vous péchez dans l'autre, le fang qui
„ fera verfé vous fera redemandé jufques
„ à la fin des fiécles. (*a*)

Les *Athéniens* & les *Romains*, fachants très-bien de quels poids étoient les témoins en jugement, & avec quelle facilité ils

______

(*a*) *Teftes rei capitalis intro vocatos admone-bant, ne quid ex conjectura, aut rumore dice-rent, etiamfi ex ore teftis aut hominis fide digni audiffe affirment. Forte ignoratis nos pervefti-gaturos tandem vos effe inquifitione, & inda-gatione ? Ne fitis nefcii, aliter fe habere judicia, quæ de pecunia, quam quæ de capite difceptan-tur. Nam in illis, pecunia data peccatum piari poteft, in his, fi quid deliqueris, fanguinis rei, & feminum ejus ad finem ufque feculi tibi im-putatur.* SANHEDRIN. Cap. IV. §. 5. ex verfione Cocceii.

pourroient être corrompus par de mauvaifes pratiques, ne recevoient le témoignage d'aucun d'eux, qu'après le ferment
prêté; afin que s'ils n'étoient pas detournés
par le refpect humain de l'infidelité d'un
menfonge, ils fuffent du moins retenus
par celui de la réligion. Auffi le Code en
fit-il une loi formelle. „ Nous avons or-
„ donné (dit l'Empereur) que les témoins
„ foient liés par la fainteté du ferment,
„ avant d'être admis à témoigner. (a)

„ Aucun moyen (dit HEINECCIUS)
„ n'a paru plus prompt & plus sûr que
„ le ferment; & cela dans la préfomption
„ fi naturelle que perfonne ne négligeroit
„ le foin du bonheur éternel auxquels tous
„ les hommes afpirent fi fortement par
„ leurs défirs; & ne préféreroit de provo-
„ quer expreffement la vengeance divine,
„ à dire la vérité. (b)

(a) *Jurisjurandi religione teftes priufque per-
hibeant teftimonium, jamdudum arctari præcipi-
mus.* l. 9. c. de teft.

(b) *Nullum hominibus medium vifum eft ce-*

Cette coutume a toujours été en vigueur parmi nous, & l'eſt encore à très juſte titre ; Car ſi le ſerment eſt employé dans les cauſes civiles, pour légitimer une action de pur intérèt, pourquoi ne le ſeroit-il pas en matiere criminelle pour légitimer une preuve dont l'effet doit être d'une toute autre importance ?

Mais cette affirmation religieuſe par laquelle on prend Dieu à témoin & on l'avoque comme Juge, ne doit pas être exigée indifféremment & ſans choix de tout le monde ; ſelon la pratique ſervile du Bareau. Si le Juge a quelque ſoupçon fondé du peu de réligion du témoin ; & qu'il ait lieu de craindre que l'intérèt temporel prévale chez lui ſur la crainte de Dieu &

tius atque expeditius jurejurando : idque ideo, quod ſempiternæ beatitudinis, cujus deſiderio omnes trahimur, neminem tam negligentem futuram crederet, ut Dei ſeveriſſimi judicis vindictam in ſe verbis conceptiſſimis provocare, quam veritatem profiteri malit.

HEINECCIUS de lubricitate jurisjurandi ſuppletorii. Exercit. 17. §. 2. in ſin.

le fentiment de fes devoirs ; il fe gardera bien de l'induire au parjure (*a*) par un ferment qu'il le verroit difpofé à violer ; & en s'aftreignant moins à l'ufage des Tribunaux qu'à celui de la raifon, il ne l'exigeroit des témoins ni même de ceux qui prennent la qualité d'acteurs en droit, qu'après les avoir prévenus de tous les maux dont les parjures font menacés de la part du Dieu tout-puiffant, malheur terrible, s'ils y refléchiffent bien, & auquel ils ne pourroient éviter de penfer, lorfqu'ils en feroient férieufement avertis, qui ne leur permettroit jamais ni d'abfoudre un coupable, ni de perdre un innocent, en mettant le Juge dans la néceffité de le condamner.

Il me refte enfin à parler de la confrontation des témoins, qui dans les caufes criminelles, eft un article de la plus grande

(*a*) *In quibus autem utilitatem ex perjurio aliquis affequitur, ea fine jurejurando judicentur.* P L A T O. de L. L. lib. 34. Dial. 12.

importance : car si dans les causes civiles, l'acteur est obligé de produire au Rée lui-même les preuves qui servent à fonder son action , combien plus l'accusateur d'un crime ou l'agent du fisc devra-t-il produire en présence de ce même Rée les preuves de son accusation , ou les témoignages qui la confirment. C'est par là qu'on peut le persuader ou le convaincre qu'on ne lui impute rien à faux ; qu'on ne supprime rien de vrai par erreur, par intérêt, ou par passion ; & que l'accusé même est amené ou forcé à reconnoitre tout le procedé qu'on a tenu à son égard pour fondé & légitime. Présentons en peu de mots le systeme de cette conduite. Le corps du délit étant bien vérifié selon le préscript des loix ; deux témoins non suspects & affermentés, déposans avoir vû commettre l'action , ces témoins parfaitement d'accord entr'eux, & assurant le tout en face du Rée ; il en resulte une preuve pleine, complette, & légale ; mais ce n'est qu'à la vue d'une telle preuve que les Juges feront fondés à prononcer leur fentence.

Je crois entendre ici le murmure de tous les Jurifconfultes. Quelle nouvelle loi nous impofe cet auteur ? croit-il nous inf-truire en nous préfentant des régles qui nous font déjà fi familieres ? J'en con-viens, leur répondrai-je ; & je vous en félicite ; mais je vous féliciterois de bien meilleur cœur, fi connoiffant ces régles importantes, vous les mettiez en pratique. Je ne vous les rappelle donc pas comme vous étant inconnues ; mais comme ex-trémement négligées.

DE LA MESURE DES PEINES.

Aucune raison de droit, aucun sentiment d'équité ne peut permettre que des loix salutairement établies pour le bien des hommes, soient tournées à leur préjudice par une dure & trop severe interprétation. (a) L. 25. ff. de L. L.

SI j'entreprenois de discourir sur les peines établies par les loix pour savoir si elles s'accordent avec les principes du droit naturel, si elles sont en proportion avec les fautes commises; & si enfin le Prince regarde comme un fleuron de sa couronne de punir de mort des coupables; je pour-

rois

____

(a) *Lex est commune præceptum, virorum prudentium consultum, delictorum, quæ sponte vel ignorantia contrahuntur, coercitio : communis reipublicæ sponsio.* L. 1. ff. de legib.

rois être taxé d'abuſer de mon loiſir. Je m'abſtiendrai donc réligieuſement de ces diſcuſſions, & je me bornerai à rechercher s'il eſt plus conforme aux préceptes du droit de la nature & des loix civiles, d'exécuter à la lettre les loix pénales, ſans attention aux circonſtances des crimes, ou ſi ces circonſtances étant murement péſées, le Juge doit infliger des peines plus ſévéres ou plus tempérées, ſelon que le crime eſt plus ou moins grave & atroce de ſa nature?

Pour reſoudre cette queſtion auſſi clairement qu'il me ſera poſſible, je définirai la loi, puis j'expoſerai ce qui réſulte de cette définition.

PAPINIEN définit ainſi la loi. *La loi eſt un précepte commun à tous, conſulté par des hommes ſages & prudents, pour reprimer les délits qui ſe commettent déliberément ou par ignorance, en vertu d'un engagement pris par la généralité.*

Pour qu'une loi, ou un précepte général

F

ait toute la force & l'autorité qu'elle doit avoir, il faut non seulement qu'elle soit faite par ceux qui ont un droit légitime de la faire ; mais encore qu'elle soit promulguée ou rendue publique, en termes si clairs „ qu'elle soit bien comprise par „ tous ceux qu'elle doit régler; pour que „ au moyen de cette claire & exacte con- „ noissance, ils évitent ce qu'elle défend, „ & ne fassent que ce qu'elle permet. (*a*)

„ L'autorité de la loi est de commander, „ de défendre, de permettre, & de pu- „ nir. (*b*) Son but est de contenir par la crainte de la peine, tous les sujets dans le devoir, de rappeller ceux qui s'en écartent, & de punir de maniére que la peine infligée à un seul puisse en retenir plusieurs. (*c*)

(*a*) *Lex intelligi ab omnibus debet, ut univerſi ejus præſcripto manifeſtius cognito, vel inhibita declinent ; vel permiſſa ſectentur.* L. 9. Cod. de legibus.

(*b*) *Legis virtus hæc est, imperare, vetare, permittere, punire.* L. 7. ff. de legibus.

(*c*) L. 1. Cod. ad leg. Jul. repet.

De cette définition de la loi il résulte que celui qui de deffein prémédité ou imprudemment, viole la loi, mérite d'être puni; mais elle ne fait pas connoître affez clairement, quel des deux doit être le plus griévement puni; & *Demofthenes* (a) lui même laiffe la chofe affez indécife „ lorfqu'il „ dit que les loix ont cette double vue, „ d'empêcher qu'il ne fe commette aucune „ injuftice par la licence de ceux qui les „ tranfgreffent ; & de faire enforte que „ par l'effroi du fupplice infligé à ceux qui „ les tranfgreffent, les autres hommes dé- „ viennent meilleurs.

Il eft vrai que fi nous jugions de la faute de l'un & de l'autre agent par le dommage qu'elle caufe à la focieté ou à

______

(a) *Duas ob caufas omnes feruntur leges, tum ut nemini quicquam injufti liceat agere, tum ut iis qui ifthæc tranfgreffi fiunt, fupplicio affecti, cæteri meliores efficiantur.* DEMOST. orat. I. contra Ariftogit.

Vid. PUFFEND. de I. N. & G. Lib. VIII. Cap. III. §. 9. & feq.

GROT. de J. B. & P. Lib. II. Cap. XX.

l'Etat, il importeroit peu qu'elle eut été commife de guet'à pends ou par imprudence ; le dommage n'étant ni plus léger, par l'imprudence, ni plus grand, lorfqu'il eft caufé de propos déliberé : Mais fi l'on fait attention au deffein & à la déliberation de commettre cette faute, la peine devra être bien différente, felon quelle aura été confultée & réflèchie.

Les Stoiciens croyoient toutes les fautes égales, & dignes des mêmes peines. (*a*) Mais les Philofophes les plus fenfés ont condamné hautement cette opinion : Les loix étant impofées à des hommes doués de la faculté de vouloir, il eft néceffaire & jufte que ces loix affignent des peines aux actes extérieurs qui manifeftent cette volonté ; pour que l'on ne juge pas uniquement des crimes par leurs effets, & que l'on ne confonde pas la faute d'un

(*a*) J A C O T. V A N D O P E R A N I. *De phi-lofophorum doctrina*. Libell. Cap. ftoici §. fapientem.

homme qui fans deſſein eſt cauſe de la mort d'un autre, avec le crime de celui qui le tue par une volonté déliberée, & malicieuſe. Quoique, à n'en juger que par les loix les plus générales, tous les crimes paroiſſent égaux par les peines qu'on leur inflige; les loix Romaines qu'on peut appeller particulieres, mettent une inſigne différence entre les crimes malicieux qu'ils appellent *doloſa*, & ceux qu'ils nomment *culpabilia*, ou blamables; auſſi leur aſſignent ils des peines bien différentes. Les Juriſconſultes ont reconnu qu'il falloit ſoigneuſement les diſtinguer; & ils appellent *délit*, l'acte malicieux, & *quaſi délit* celui qui n'eſt que blamable. (*a*) Et ſelon ce principe ils eſtiment le premier digne d'une peine plus grande; & le ſecond puniſſable d'une peine plus légere. (*b*)

(*a*) BOEHMER. *Elementa juriſprud. crim.* Cap. 2. §. 29.

(*b*) MATTHÆUS. De criminibus. Cap. II. n°. 2. §. *Ex quibus.*

PUFFEND, de J. N. & G. Lib. I. C. VII. §. 26.

Il n'y a rien en cela que la raison même ne justifie. Le Réc blamable (*culpabilis*) ne présente dans sa faute que l'oubli ou la négligence de ses devoirs, tandis que le Réc malicieux (*dolosus*) est rusé dangéreux & accoutumé au mal. Si donc l'on fait attention au caractere & au dessein, il est clair que le prémier est bien moins coupable & doit être moins féverement puni. La difficulté n'est plus à distinguer les crimes ; mais à varier les peines selon la nature & les circonstances diverses des fautes - - „ Distingués donc [dit le sage „ PLATON] les injures faites par déli- „ beration ou sans dessein ; vous aurez „ par là même la différence des grands „ aux petits délits. (*a*)

„ Les loix même (dit DEMOSTHE- „ NES) (*b*) qui sont faites contre le

___

· (*a*) *Distingue igitur ipsis sponte, atque item non sponte facias injurias : & illarum majores, harum vero minores multas conscribes.* PLATO. de L. L. lib. 9.

(*b*) *Leges sunt de cædibus latæ, quæ cos, qui*

» meurtre, puniſſent l'homicide volontaire
» par la mort, l'exil perpetuel, la confiſca-
» tion générale des biens; mais pour ceux
» qui ſans deſſein & par malheur ſont
» cauſe de la mort d'un autre, elle les
» juge dignes de pardon, & tout au moins
» d'une grande humanité.

Marcian dans la onzieme loi du digeſte, dit » que les Juges doivent bien
» prendre garde à ne traiter perſonne avec
» plus de rigueur, ou de relachement que
» le cas ne le demande: mais à les peſer
» avec toute la maturité dont ils ſont
» capables. Dans les cauſes plus légéres
» ils devront pencher à la douceur; dans
» la juſtice même qu'exigent les cauſes
» graves, ils uſeront de la ſévérité des

*conſulto interfeciſſent, morte; perpetuo exilio,
omnium denique bonorum publicatione mulctant;
eos autem qui inconſulto, venia, & magna
humanitate dignos judicant.* DEMOSTH. orat.
contra Midiam.

Vid. CLAR. §. Homicidium & quæſt. 84.

F 4

„ loix avec un tempéramment de béni-
„ gnité. (*a*)

Le ſtyle de cette loi prouve évidemment
qu'il eſt permis aux Juges d'ètre équitables ;
mais il n'eſt pas également clair quelles
ſont les *cauſes légéres*, dans leſquelles les
Juges doivent ſe laiſſer aller à la douceur ;
& quelles ſont les *cauſes graves* dans leſquelles il leur eſt permis de mitiger la
ſévérité des loix par quelque tempérament.

Il n'y a qu'une voix chez les Politiques
& chez les Juriſconſultes, pour décider que
la gravité d'un délit doit ètre eſtimée ſelon
le deſſein & la malice du délinquant ; de
mème que ſur le plus ou le moins de dommage que la ſocieté en reçoit. „ On doit
(dit Mr. WATTEL) faire attention à
„ la nature du délit, .& le punir à propor-
„ tion de ce qu'il intéreſſe la tranquillité
„ publique , le ſalut de la ſocieté & de

____

(*a*) L. 11. ff. de pœnis.

„ ce qu'il annonce de mechanceté dans le
„ coupable. (*a*)

Et en effet fi les législateurs avoient pû
en fixant les peines qu'ils infligeoient aux
délits, embraffer toutes les circonftances
qui les accompagnent, & les expofer d'une
façon précife & détaillée, je n'héfiterois
pas à dire que tous les termes de la loi
devroient · être ponctuellement fuivis, &
faire la régle inviolable des Juges, que je ne
regarderois plus dès-là que comme la bouche de ces mêmes loix, ou comme des
machines purement mécaniques, deftinées
à leur fervile & fidele exécution. (*b*)
Mais comme la chofe n'étoit nullement
poffible, & que les loix n'ont pourvû
qu'aux cas les plus ordinaires ; (*c*) il eft

(*a*) VATTEL. *Droit des Gens.* Liv. I.
Ch. XIII. §. 171. BURLAMAQUI. *Principes
du droit polit.* Ch. IV. §. 39. &c. GROT. de
J. P· & B. Lib. II. Ch. XX. §. 28. &c. PUF-
FEND. de J. N. & G. Lib. VIII. Ch. III. §. 18.
(*b*) MONTESQUIEU. Efprit des loix.
Liv. XI. Ch. VI.
(*c*) *Neque leges, neque fenatus confulto ita
fcribi poffunt, ut omnes cafus qui quandoque*

indifpenfablement néceffaire que les Juges
prennent foin d'entrer avec équité dans les
vûes du législateur, & péfent murement
toutes les circonftances du crime ; parce
que fans cela ils pourroient commettre
de très-grandes injuftices en prenant la loi à
la lettre. „ Le droit (dit CICERON) ne
„ dépend pas des paroles ; mais les paro-
„ les font fubordonnées à la fageffe du
„ Juge, & à fon autorité. Car ce n'eft
„ pas les mots qu'il doit avoir proprement
„ devant les yeux ; mais la chofe pour
„ laquelle ils ont été mis en œuvre. (a)
„ La nature des loix humaines (dit
„ Mr. de MONTESQUIEU) eft d'être
„ foumife à tous les accidens qui arrivent,
„ & de varier à mefure que les volontés

inciderint, comprehendantur, fed fufficit & ea,
quæ plerumque accidunt, contineri. l. 10. ff. de
Legib.
    (a) Non enim ex verbis pendet jus, fed verba
ferviunt hominum confiliis, & auctoritatibus ;
nec verba veniunt in judicium, fed ea res cujus
caufa verba in leges conjectæ funt. CICER. pro
Cecinna.

„ des hommes changent: (*a*) & CELSE témoigne que l'application d'une loi ne dépend point des termes dans lesquelles elle est exprimée; mais de son vrai sens, & de son esprit. (*b*)

En effet, pour parler d'un genre particulier de peines, je veux dire des amendes, l'argent ne peut avoir une valeur égale que dans les lieux où se trouveroit l'égalité des fortunes. Ailleurs une amende très-onéreuse au pauvre, sera un jeu pour le riche, & par là déviendra une peine très-inégale, pour le but de contenir le riche comme le pauvre dans son devoir.

HEINECCIUS nous rappelle à ce sujet l'insolence de ce Chevalier Romain appellé *Neratius*, (*c*) qui se faisoit un amusement de souffleter ceux qu'il rencontroit, en faisant livrer par un esclave qui

(*a*) Esprit des loix. Liv. XXVI. Ch. 2.
(*b*) *Scire leges non est verba earum tenere, sed vim ac potestatem.* L. 17. ff. de L. L.
(*c*) PUFFEND. de J. N. & G. Lib. II. Cap. V.

le fuivoit 25 fols , qui étoit l'amende portée par la loi pour ce genre de délit. Ce trait de libertinage étoit une leçon pour le législateur qui n'avoit garanti le peuple d'infulte que de la part des mains légeres & vuides qui n'avoient pas dequoi la payer.

Il faudra donc, pour juger fainement de la gravité ou de la légéreté du délit, faire attention au motif à la perfonne, au temps, au lieu, à la qualité, & aux fuites de l'attentat, comme *Claudius Saturninus* le fait fentir avec force dans fa loi du di- gefte, fur cette matiére. (*a*)

Et premierement fur la *caufe* ou *le motif* de l'action, on ne fauroit trop foigneufe- ment rechercher la caufe qui a pu y de- terminer la volonté; & donner lieu à for- mer le deffein de nuire. „ Les coups de „ fouet que donne un pere , ou un „ maitre, font impunis, parce qu'ils font

______

(*a*) L. 16. ff. *de pœnis.*

„ donnés pour corriger & non pour flètrir.
„ On les puniroit s'ils étoient donnés en
„ colere par un étranger. "(*a*) L'Empereur
HADRIEN dans son rescript prononce,
„ que celui qui tue un homme, peut être
„ absous, s'il le tue sans dessein de lui
„ donner la mort ; mais que celui qui n'a
„ fait que le blesser dans l'intention de le
„ tuer, doit être traité comme homicide ;
„ cette décision resultant de la nature des
„ choses ; celui qui tire son épée & qui
„ en frappe, l'ayant fait indubitablement
„ dans le dessein de tuer son ennemi ;
„ au lieu que si dans la chaleur d'une
„ querelle il a frappé d'une clef ou d'un
„ vase qu'il a en main, quoiqu'il fut de
„ fer, il ne peut être présumé avoir eu
„ dessein de commettre un meurtre. On

(*a*) *Verbera etenim a parente vel Magistro
allata, impunita sunt : quoniam emendationis,
non injuriæ gratia videntur adhiberi : puniuntur
cum quis per iram ab extraneo pulsatus est. Dicta
lege 16. de pœnis.*

„ pourra donc adoucir la peine de celui
„ qui a tué dans ces circonſtances. (*a*)

Il reſulte de ces principes, que ſi quelqu'un péche, pour éviter le péril d'une
mort prochaine, pour ſe délivrer d'une
douleur cruelle, ou pour ſe ſouſtraire aux
extrèmités de l'indigence, il a en ſa faveur
des circonſtances bien propres à l'excuſer.
Et comment pourroit-on mettre au même
rang l'action d'un homme qui prendroit
quelques grains dans le champ d'autrui,
uniquement pour ſa ſubſiſtance, avec
l'action de celui qui voleroit dans un
magazin de quoi ſatisfaire ſa gloutonnerie
ou ſa friandiſe ? Jugeroit-on celui qui

(*a*) *Divus Hadrianus reſcripſit eum qui hominem occidit, ſi non occidendi animo hoc admiſit, abſolvi poſſe : & qui hominem non occidit,
ſed vulneravit ut occidat, pro homicida damnandum; & ex re conſtituendum hoc. Nam ſi gla-
dium ſtrinxerit, & in eo percuſſerit, indubitate
occidendi animo id eum admiſiſſe; ſed ſi clavi
percuſſit, aut cuccuma in rixa, quamvis ferro
percuſſerit; tamen non occidendi animo, lenien-
dam pœnam ejus, qui in rixa cauſa mag*.s*,
quam voluntate homicidium admiſit. l. 1. ſſ. ad*
leg. Cornel. de Sicar.*

ne prendroit de l'argent d'autrui que ce qu'il lui en faudroit pour ses besoins, aussi coupable que celui qui en voleroit pour l'amasser, ou pour en augmenter ses plaisirs? Convenons que des torts même légers sont plus punissables, que des torts plus grands, lorsqu'ils sont l'effet d'un dessein plus depravé; car comme le dit CICERON „ pour bien juger „ d'une injure ou d'une injustice, il im- „ porte beaucoup de savoir, si elle a été „ faite dans un moment de trouble & „ d'agitation de l'ame, par un mouvement „ subit qui d'ordinaire est fort court, ou „ après mure consultation. Tout ce qui „ se fait par promtitude étant moins grave „ que ce qui est médité & préparé à „ l'avance. (a)

(b) *In omni injustitia permultum interest, utrum perturbatione aliqua animi quæ plerumque brevis est, & ad tempus, an consulto, & cogitato fiat injuria: leviora enim sunt ea, quæ repentina aliquo motu accidunt, quam ea, quæ meditata & præparata inferuntur.* CICER. de off. L. I.

„ De grands crimes (dit S E N E Q U E)
„ doivent quelquefois être moins punis
„ que de plus petits délits, fi ceux là ont
„ été commis par une efpece de chute, &
„ fans cruauté ; & ceux-ci par des vues
„ profondes, couvertes, & malignement
„ concertées. Le Juge ne punira point de
„ la même peine celui qui a commis le
„ mal par négligence, & celui qui a pris
„ des mefures fures pour nuire (*a*)

Le premier tiendroit le langage que *Cicéron* met dans la bouche de *Ligarius*. Je
„ me fuis égaré, j'ai agi inconfidérement ,
„ je fuis tombé; je n'y penfois pas ; fi
„ jamais je me trouve en de telles cir-
„ conftances &c. (*b*) Et ces excufes d'un

fils

(*a*) *Nonnunquam magna fcelera levius quam
minora compefcere decet , fi illa lapfu non cru-
delitate commiffa funt : His ineft latens & operta ,
& inveterata calliditas. Idem delictum in duobus
non modo afficiet , fi alter per negligentiam ad-
mifit , alter curavit ut nocens effet.* S E N E C. de
Ira. Lib. I. Cap. 16. Vid. G R O T. de J. B. & P.
Lib. II. Cap. 20. §. 28. & feq. HEINEC. in eundem.
(*b*) *Des devoirs de l'homme & du citoyen*
L. II. Ch. XIII. §. 18.

fils à son pere ne devroient pas être sans influence sur l'esprit des Juges.

LA PERSONNE peut être considérée à ces deux égards, ou comme *ayant agi*, ou comme *ayant souffert*. La personne de celui qui a fait l'action doit être envisagée sous toutes les faces, & avec toutes les circonstances qu'on peut dire personnelles. On peut consulter là dessus les Rhetoriciens qui en font l'énumeration, pourvû qu'on n'y fasse pas entrer, comme ils le font ridiculement & hors de propos, le nom, la figure, les traits, & d'autres minucies pareilles : Mais PUFFENDORF observe très sagement ; „ que comme la même „ peine ne fait pas les mêmes impressions „ sur toutes sortes de gens, & n'a pas „ par conséquent une égale force pour les „ détourner du crime, on doit aussi con- „ sidérer, & dans la détermination géné- „ rale des peines, & dans leur application „ aux particuliers qui les ont encourues, „ la personne même du coupable, avec

„ fon âge, fon fexe, fon état & fa con-
„ dition, fes richeffes, fes forces, & au-
„ tres femblables qualités qui rendent la
„ peine plus ou moins fenfible. (*a*)

Ainfi CICERON s'efforce d'excufer le libertinage de *Cælius* par fa jeuneffe , & par l'impudence de *Clodia*. L'enfance eft auffi bien excufable ; tout ce qu'elle voit, comme dit *Clarus* (*b*) lui étant nouveau. (*c*) Ceux qui font majeurs de 14 ans, mais mineurs de 25 , quoique moins ex-'cufables que les enfans font traités avec plus de clémence par les Juges, vû la fragilité de cet âge. (*d*) On doit encore accorder quelque chofe à la condition ou à l'état des perfonnes, à l'éducation, & à la difcipline plus ou moins févere, à l'habitude &c. des femmelettes, des hommes

(*a*) Devoirs de l'homme & du citoyen. L. II. Chap. XIII. §. 18.
(*b*) Quæft. 60.
(*c*) L. *infans*. ff. ad L. Corn. de ficar.
(*d*) L. 107. ff. *de reg. jur.* &. l. 37. §. fin. ff. *de minor.* CLARUS *loco fupradicto.* MATH. *de crimin.* Cap. II. n°. 2. §. *qui doli* &c. HEI-NEC. *ad Grot.* Lib. II. Cap. XX. §. 31.

d'un génie pesant ou grossier qui ont vécu long tems avec des gens de mauvaises mœurs, ou qui les ont souvent frequenté; n'ayant pú discerner les limites du droit, & où commence l'injure, paroissent devo'r être traités & punis avec plus de douceur & d'indulgence. (*a*) Aussi J U V E N A L dit (*b*) „ que le vice est d'autant plus „ grand, que celui qui y tombe est plus élevé.

C I C E R O N en rend une raison bien sensible, en disant qu'un homme distingué par son état péche doublement par son fait même & par son exemple. (*c*) Que s'il tenoit dans l'Etat un rang qui l'appellât à reprimer les fautes des autres, il pécheroit plus griévement encore, & par l'abus de son autorité sur eux, & parce qu'il n'en use pas pour leur véritable bien. Comment par exemple un infidele administrateur des

(*a*) G R O T. de J. B. ac P. Lib. XX. §. 31.
(*b*) *Omne animi vitium tantum conspectius in se Crimen habet, quanto major qui peccat habetur.*
 J U V E N. Satyr. VIII. v. 140.
(*c*) *Virum magnum (inquit) bis peccare facto scilicet & exemplo.* C I C E R. Lib. III. *de leg.*

deniers publics ne fent il pas qu'en con-
damnant un voleur il fe condamne foi-
même ? Ainfi tout Magiftrat qui fait une
acte de mauvaife foi, ou qui fe laiffe aller
à quelque injuftice, commet une faute
d'autant plus grave, que fon office &
fon caractere l'appellent à en garantir fes
concitoyens.

La condition du Rée augmente auffi ou
diminue fon crime. Ceux des efclaves,
chez les Romains, n'étoient pas punis des
mêmes peines que les hommes libres. (*a*)
Qui ne trouveroit en effet plus intolérable
l'injure d'un inférieur, que celle d'un
fupérieur ou d'un égal (*b*) vu que l'injure
augmente par le caractere de celui qui
l'a commife.

Quant à *la perfonne de celui qui a fouffert*, on confidere les rélations qu'elle avoit

______

(*a*) *Aliter puniuntur ex iifdem facinoribus
fervi quam liberi.*
(*b*) *Crefcit contumelia ex perfona ejus qui
contumeliam fecit.* L. 17. ff. de injur.

avec celui qui lui a fait tort ou injure par ſes traitemens. Ainſi *les attentats commis contre ſon ſeigneur, ou contre ſon pere ſont plus ſéverement chatiés que ces mêmes fautes commiſes à l'égard d'un maitre ou d'un étranger.*

LE LIEU *décide ſi le vol commis eſt un ſimple vol ou un ſacrilége ; s'il eſt puniſſable de mort ou d'une peine afflictive.* Je penſe *qu'un homme qui ſemblable à la Clodia de Cicéron* (a) *au lieu de cacher ſes crimes dans la ſolitude, & de s'envelopper dans les ténébres, les commet à tête levée, & ſemble en les commettant, braver le public & la lumiere, doit être plus ſévérement puni.*

Celui là mérite plus l'indignation publi. que qui non ſeulement s'infecte de vices, mais qui en infecte la ſocieté dont il eſt membre : qui lui nuit non ſeulement en ſe corrompant lui-même ; mais en cor-

(a) *Pro M. calio.* n°. 20.

C 3

rompant les autres ; en péchant & en faifant pécher fes concitoyens par fon dangereux exemple. Peut-on efpérer la répentance & la converfion de celui qui a perdu toute pudeur, qui a rompu ce frein qui retient encore tant d'hommes dans le devoir ? Ainfi celui qui offenfe ou qui bleffe en place publique, ou au théâtre, rend l'injure plus atroce, quoiqu'elle ne le fut pas par elle-même. (*a*) Hurter quelqu'un dans une affemblée de Magiftrature feroit une offence plus grave que fi elle étoit faite dans une maifon particuliere. (*b*) QUINTILIEN dit „ que la pétulance „ eft moins répréhenfible en d'autres lieux. „ Mais que dans un temple, où doit „ régner le filence ; où l'ame doit être „ recueillie, l'efprit tranquille & férieufe- „ ment occupé, un homme qui en hur- „ teroit un autre par violence, feroit

____

(*a*) L. 9. §. 1. ff. *de injuria.*
(*b*) L. 7. §. 8. l. 9. §. 1. l. 17. §. 3. ff. *de injuria.*

,, plus reprimable que s'il l'eût fait dans
,, un lieu privé ou à l'écart. (*a*)

Ciceron dans fa fixieme harangue contre *Verrés* le juge digne de la croix pour avoir fait crucifier *Gavius*, citoyen Romain, dans cette partie de la Sicile qui a vuë fur le détroit, *afin que cet infortuné pût voir de la croix l'Italie & fa maifon même.* Ecoutons avec quelle force & quelle chaleur ce grand orateur reléve cette circonftance tirée du lieu, en s'adreffant à Verrés ;

,, Que dirai-je de Gavius que vous avez
,, traité en ennemi de fon nom & de fa
,, famille? Que dis-je! En ennemi du nom
,, même & des droits de citoyen. Et en
,, effet, vous l'avez traité, non pas tant
,, comme ennemi de fa perfonne que con-

(*a*) *Petulantia aliis locis mediocrem habeat reprehenfionem. In templo verò, in quo verbis parcimus, in quo animas componimus, in quo tacitam etiam mentem noftram cuftodimus, pulfare velut in folitudine, velut in fecreto quodam non eft ferendam.*
QUINTILIAN. Declam. 264.

G 4

„ me l'ennemi public de la caufe commune
„ de la liberté. Qu'eft-ce en effet qui a
„ pû vous porter à changer l'ufage &
„ l'inftitut des *Mamertins* qui avoient placé
„ la croix derriere la ville, fur la route
„ Pompeienne, & à la tranfporter dans
„ la partie qui a vuë fur le détroit ? en
„ ajoutant, comme vous ne pouvez le
„ nier, puifque vous le dites en préfence
„ de tout le peuple, que vous la placiez
„ dans ce lieu, pour que cet homme qui
„ fe difoit Citoyen Romain, pût voir du
„ haut de la croix l'Italie & fon domicile.
„ Et c'eft, ô mes Juges, la feule qui ait
„ jamais paru en ce lieu depuis que
„ Meffine a été conftruite; & vous avez
„ choifi tout exprès cet afpect de l'Italie,
„ afin que mourant dans les angoiffes de
„ fon fupplice, il eût la douleur de fentir
„ qu'il n'y avoit que le court efpace de
„ ce détroit, entre les horreurs de la
„ fervitude & les douceurs de la liberté ;
„ pour que l'Italie même pût contempler

,, un de ſes enfans ſouffrant le dernier
,, ſupplice, celui de la croix, celui qu'on
,, ne fait ſouffrir qu'aux plus vils eſclaves.
,, Si c'eſt un attentat de garotter un
,, Citoyen Romain ; ſi c'eſt un crime de
,, le battre de verges ; ſi c'eſt preſque un
,, parricide de le mettre à mort, quel nom
,, donnerons nous à l'acte barbare de le
,, mettre en croix ? Non ; il n'eſt point
,, d'expreſſion qui puiſſe rendre une telle
,, atrocité : Encore Verrés ne s'en eſt il
,, pas tenu à ce que je viens de dire.
,, Qu'il voye, ajoute-t-il ſa patrie ; qu'il
,, meure à l'aſpect de la liberté & des loix.
,, Ne ſens tu pas ici, Verrés, que tu as
,, mis en croix non *Gavius*, non un Ci-
,, toyen Romain ; mais qu'en ſa perſonne
,, tu as crucifié la cauſe commune de Rome
,, & celle de la liberté ? Méditez à préſent,
,, ô mes Juges, ſur l'audace de cet homme,
,, & vous préſumerez bien-tôt ſon regret
,, de n'avoir pu élever cette croix pour
,, des Citoyens Romains dans Rome même,

„ fur la place du marché public, dans celle

„ de nos Comices, à côté des roftres ;

„ puifque dans la Province où il gouverne,

„ il a choifi le lieu le plus approchant de

„ ceux-là par fa célébrité, le plus voifin

„ qu'il a pu de nous. Il a voulu que ce

„ monument de fon crime & de fon au-

„ dace fut érigé en face de l'Italie, à

„ l'entrée de la Sicile, au paffage de tous

„ ceux qui navigent de l'une à l'autre. (*a*)

(*a*) *Sed quid ego plura de Gavio? quafi tu Gavio tum fueris infeftus, ac non nomini, generi, juri civium hoftis: non illi, inquam, homini, fed caufæ communi libertatis inimicus fuifti. Quid enim attinuit, cùm mamertini, more atque inftituto fuo, crucem fixiffent poft urbem, in via Pompeja, te jubere in ea parte figere, quæ ad fretum fpeclaret, & hoc addere quod negare nullo modo potes, quod omnibus audientibus dixifti palam, te idcirco illum locum deligere, ut ille qui fe civem Romanum effe diceret, ex cruce Italiam cernere ac domum fuam profpicere poffet? Itaque illa crux fola, judices, poft conditam Meffanam illo in loco fita eft. Italiæ confpeclus ad eam rem ab ipfo delectus eft, ut ille in dolore, cruciatuque moriens perangufto freto divifa fervitutis ac libertatis jura cognofceret. Italia autem alumnum fuum fervitutis extremo fupplicio affectum videret. Facinus eft vinciri civem Romanum: fcelus verberari : prope par-*

LE TEMS met une différence marquée entre celui qui quitte son domicile & un fugitif, entre le larron de jour & celui qui vole de nuit. La loi des XII. tables permettoit de tuer le voleur nocturne, en quelque circonstance que ce pût être ; & le larron de jour, seulement dans le cas où il se défendoit avec une arme offensive. (*a*) Pourquoi cela ? parce que les brigands prennent d'ordinaire le tems de la nuit,

ricidium necari : quid dicam in crucem tollere ? verbo satis digno tam nefaria res appellari nullo modo potest. Non fuit his omnibus iste contentus. Spectet, inquit patriam ; in conspectu legum libertatisque moriatur. Non tu hoc loco Gavium, non unum hominem, nescio quem civem Romanum, sed communem libertatis & civitatis causam in illum cruciatum, & crucem egisti. Jam vero videte hominis audaciam. Nonne eum graviter tulisse arbitramini, quod illam civibus Romanis crucem non posset in foro, non in comitiis, non in rostris defigere ? Quod enim in provincia sua celebritate simillimum, regione proximum potuit, elegit : monumentum sceleris, audaciæque sua voluit esse in conspectu Italiæ, vestibulo siciliæ, prætervectione omnium, qui ultro citroque navigarent.

CICERO. Orat. *pro M. Cœlio.* n°. 20.
(*a*) L. 4. ff. ad L. Aquiliam.

pour nous égorger, (*a*) et que les hommes ne fe réveillent pas toujours à tems
pour fauver leur vie ou leurs biens. La
nuit rend les uns plus audacieux, dans
leur entreprife, & les autres moins pré-
parés à les repouffer, dans la fécurité &
le calme de leur azyle ; L'opportunité du
tems fuppléant à celle du lieu. Les voleurs
de nuit peuvent être envifagés comme des
ennemis qui fortent d'une embufcade pour
furprendre, ou pour tomber à l'improvifte
fur les voyageurs. Il eft incroyable combien de fcélerats cette efpérance encourage :
& anime à tout entreprendre. La fable
platonicienne de l'anneau de *Gyges* eft
connue. (*b*) Quelques-uns croyent qu'il
y a nombre d'autres circonftances tirées
du tems, & du moment où le crime a été
commis, circonftances qui doivent beaucoup
l'aggraver, comme dans les jours folemnels

(*a*) *Ut jugulent homines furgunt de nocte*
latrones.

Horat. Epift. 2.

(*b*) Ciceron. Lib. III. offic. Cap. 4.

de fêtes & de dévotions, fi l'on voloit dans un naufrage, dans un incendie, ou parmi des ruines. Dans le premier cas on offenfe plus audacieufement la divinité, dans le fecond on viole plus criminellement la Juftice & la charité que l'on doit aux hommes, dans l'un on ajoute le mépris à l'indévotion ; dans l'autre on ajoute affliction à l'affligé, ce qui eft le comble de la barbarie.

La Qualité d'une action la rend plus atroce ou la faute plus légere ; ainfi l'on a coutume de diflinguer les vols publics ou manifeftes de ceux qui ne le font pas ; les querelles, du guet à pends, le pillage, du fimple vol, la brufquerie, de la violence. Si quelqu'un, par exemple, force des portes, & perce des cloifons, pour s'introduire dans une maifon ; maltraite le maitre de cette maifon & fa famille, de façon à paroitre vouloir exercer le brigandage, fon cas différe extrêmement de celui d'un homme qui fe gliffe furtivement dans une maifon ouverte, fe nantit de ce qu'il y trouve expofé, l'enléve à la maniére des Lacédemoniens, & en s'échappant avec fa proye punit les maitres de leur négligence.

La Quantite' fait diftinguer le *larron* de *l'abigée*. En conféquence dequoi celui qui vole un porc ou une brebis fera puni comme larron, & celui qui vole un troupeau fera puni comme coupable d'a-bigeat. (*a*) Le terme de *quantité* s'étend à diverfes circonftances. Car il ne fe borne pas feulement à favoir ce que l'on a volé; mais combien de fois; puifque les vols fouvent repetés par le même agent, le

(*a*) Ajoutons cet éclairciffement à ce que dit notre auteur; C'eft que les Romains mettoient, & avec raifon, une différence effentielle entre le gros & le menu bétail, à raifon non feulement de fa valeur, mais auffi de fon importance dans l'œconomie champêtre. Le vol d'un feul bœuf ou d'un feul cheval étoit traité d'abigéat; tandis qu'ils affignoient 4 ou 5 porcs, ou dix brebis pour être abigée. *Eft abigens qui dolo malo equum, bovem, vel unum abegerit, porcos quinque vel quatuor; oves vero decem.* L. 1. §. ult. pr. A de abig. l. ant. facta. 16. §. quantitas *de pœnis.* Note du Traducteur.

rendent beaucoup plus coupable, enforte que plus il a volé de fois, plus cette fréquence d'actes le rend criminel ; vû que comme le dit Puffendorf, *c'eſt une foibleſſe humaine que de s'oublier quelquefois: mais de retomber ſouvent dans la même faute, c'eſt une fureur.* (a)

L'Evenement ou *la conſommation du deſſein eſt encore digne d'une grande conſidération. Car quoique la loi ne puniſſe pas moins celui qui s'eſt porté avec une arme offenſive chez un autre homme, pour le tuer, que celui qui l'a tué en effet,* la raiſon demande avec beaucoup de fondement qu'on en faſſe la différence. Le crime conſiſtant dans le *fait,* ſi à la déliberation de le commettre, ſe joint le fait même de l'avoir tenté, celui qui en a fait la tentative, mérite une peine, quoiqu'elle n'ait pas eu l'effet qu'il en attendoit.

Cependant il n'eſt pas moins néceſſaire

(a) Puffend. Droit de la N. & des G. Liv. VIII. Chap. III. §. 22.

d'obſerver que *quoique la loi ne puniſſe pas moins celui qui eſt allé en armes dans cette vue , que celui qui a réellement commis le meurtre ;* ces deux cas ne peuvent être ſoumis aux mêmes peines. Dans les délits (dit SATURNINUS) on fait beaucoup d'attention à l'évenement , qui donne lieu à déterminer le degré de la peine , non ſeulement ſur l'intention du délinquant , mais auſſi ſur le mal qu'il a cauſé à la ſocieté par ſon action. Ainſi plus l'acte tendant au crime ſe trouve éloigné d'être conſommé , moins il en réſultera de mal pour la ſocieté ; dès - là , par la même , la peine devra être d'autant plus legere.

Je ſais que les Juriſconſultes forment ſur ce ſujet bien des diſtinctions , & qu'en particulier ils enſeignent que les crimes de leze Majeſté , de brigandages , de trahiſon &c. quoique ſimplement projettés , doivent être punis , tout comme s'ils avoient été conſommés : J'ignore tout - à - fait ſur quoi ils ſe fondent , & ils n'en ont jamais allegué

allégué de suffisantes jusques à cette heure;
J'espére donc qu'ils me permettront de
perséverer dans un sentiment contraire &
bien plus humain, jusques à ce qu'ils m'en
faffent changer par la force de leurs raisons.

Que les Juges cependant n'abufent pas
de ces observations, au point de croire,
qu'ils agiront en les fuivant, contre la
teneur ou l'efprit des loix; Car quoique
les loix particulieres ne puiffent pourvoir
en termes exprès à tous les cas, & à
toutes les circonftances, le corps entier &
fyftematique de ces loix préfcrit partout
de fuivre les principes de l'équité.

Quoique chacune de ces loix prifes à
part ne préfente pas une hypothéfe pour
les cas de cette efpéce, toutes ces loix
raprochées & comparées entr'elles, ne laif-
feront bientôt nul doute fur le parti qu'on
aura à prendre en vertu des circonftances
qui doivent en varier l'application. „Tous
„ les cas [dit le digefte] ne peuvent pas
„ être énoncés par les loix ou par les

H

„ fenatusconfultes; mais leur décifion dans
„ tel ou tel cas, étant claire & précife;
„ il fera facile à celui qui exerce la Jurif-
„ diction d'en faire l'application à des cas
„ de même genre, & de rendre des Juge-
„ ments qui leur foient conformes. (a)
Que fi les Juges ne fe trouvent pas affez
inftruits par les loix civiles pour fonder la
fentence qu'ils ont à rendre; ils n'ont qu'à
recourir aux fources même d'où elles
émanent : je veux dire aux principes du
droit naturel & du droit des gens; ils y
trouveront tout ce qui peut les diriger
pour la décifion de chaque cas; puifque
toutes les loix civiles en découlent & ont
été formées fur leurs maximes.

Suivant le fentiment des meilleurs auteurs, la peine de mort ne devroit jamais
être infligée, que lorfque la nature du

______

(a) *Non poffunt omnes articuli figillatim aut
legibus, aut fenatusconfultis comprehendi ; fed cum
in aliqua caufa fententia eorum manifefta eft, is
qui Jurifdictioni præeft, ad fimilia procedere,
atque ita jus dicere debet.* L. 12. ff. de L. L.

crime , & les termes exprès de la loi le
préfcrivent. Alors le Juge n'eft autre chofe
que le vengeur ou l'exécuteur de la loi.
Que fi le crime peut être envifagé fous
diverfes faces , ou que la loi demande quelque explication , la peine dictée par une telle
loi devra plûtôt être adoucie qu'aggravée. (*a*)

Et en effet le but des peines étant,
non feulement de maintenir ou de rétablir
la fureté des Citoyens ; mais de rendre les
hommes meilleurs ; il n'eft permis d'en
venir aux peines de mort que comme au
dernier reméde ; & lorfque l'on ne peut
affurer le repos public par une autre voye :
Car perfonne je penfe ne doutera, que fi
l'on pouvoit changer le cœur ou les in-

(*a*) *Interpretatione legum pœnæ molliendæ
potius quan afperandæ.* L. 42. ff. de pœnis.
  In pœnalibus caufis benignius interpretandum,
L. 105. ff. de Reg. Jur.
  Voyez les differtationsde J. JAC. WISSEM-
BACH fur le dernier livre des pandectes, *de
Reg. Juris*, dans lefquelles il rapporte un grand
nombre de raifons pour remettre ou pour mitiger
la peine. *Difput.* 24. §. 6. & 7. TIRAQUELL,
de pœn. temper.

H 2

clinations des coupables , comme cela eſt en certains cas poſſible, il ne fut plus avantageux à un Etat de les conſerver que de les perdre en les puniſſant. (*a*) „ Les „ peines n'ayant pour but que de détourner „ des mêmes crimes ceux ¡qui voudroient „ les commettre ; elles ne ſont permiſes , „ qu'autant qu'elles ſe renferment dans les „ bornes de ce but; ainſi quand des peines „ d'une certaine rigueur ſuffiſent, de plus „ fortes ſont illicites. Mais ſi l'on ne peut „ venir à bout de reprimer certains cri- „ mes , ſans y employer des peines capi- „ tales, elles ſont alors licites. (*b*)

Bien des gens ſont dans l'idée qu'on ne pourroit reprimer les crimes ſans cette rigueur inflexible à punir des peines les plus ſévéres les criminels : mais quiconque

<hr>

(*a*) *Nemo dubitabit , quin ſi nocentes mutari in bonam mentem aliquomodo poſſint , ſicut poſſe interdum conceditur , ſalvos eſſe eos magis e re-publica ſit , quam punire.* QUINTILIAN. de Orat. lib. 12. Cap. I.

(*b*) FORMEY. *Principes du droit naturel*, Chap. III. §. 87.

péfera bien la chofe fentira, je m'affure,
que ce n'eft pas tant la gravité des peines,
que la fermeté conftante & impartiale des
Juges à punir, qui fe fait craindre. „ La
„ févérité même [dit SENEQUE] qui
„ paroit être un fi grand reméde, perdant
„ de fa force par la fréquence. (a) Sans
„ compter que trop de rigueur contre un
„ coupable revolte l'humanité, d'autant plus
„ qu'il n'eft pas trop bien décidé par les
„ principes du droit naturel à quel point
„ la vie d'un homme eft au pouvoir des
„ autres hommes. (b) C'eft donc une
marche foutenue dans' l'adminiftration de
cette branche de la Juftice qui donne du
poids à l'exemple, & en effet rien n'a
plus de dignité en toutes chofes qu'une
telle égalité. (c) Combien de fois la clé-

(a) *Severitas quod maximum remedium habet affiduitate amittit auctoritatem.* SENEC. de clement. lib. I. Cap. 21.

(b) BIELFELD. Inftit. polit. C. IV. §. 33.

(c) *Nihil eft quod tam deceat, quam omni in re fervare conftantiam.* CICER. Lib. I. offic,

mence mal placée des Juges; n'a-t-elle pas été extrèmement préjudiciable à toute la société! & c'eſt en ce ſens qu'on peut dire avec CICERON; que des bienfaits mal appliqués ſont de mauvaiſes actions. (*a*) Parce qu'une Juſtice molle & relachée loin d'affoiblir la perverſité des méchans, la nourrit par l'eſpoir de l'impunité & la fortifie de jour en jour. Pour moi je ne ſais rien de pire ni de plus dangéreux que l'impunité qui ne fait qu'empirer le mal; loin de le guérir. (*b*) Une injure impunie en attire de nouvelles; & dès que quelqu'un a pu bleſſer impunément, perſonne ne ſera à couvert de la violence.

Cependant l'impunité peut être accordée; non ſeulement pour des raiſons très dé-

---

(*a*) *Benefacta male locata, malefacta arbitror.* CICER. lib. eod.

(*b*) *Impunitate nihil periculoſius eſt, quæ ſemper ad deteriora prolabitur.* Ex libris Apoph. Collect. à Bartolomæo Magio. *Impunita injuriæ exemplum omnibus injuriam minatur. Etenim ſi liceat impune lædere, quis tutus erit ab improborum violentia?*

entes, comme feroient de grands fervices rendus à la focieté & à la patrie ; mais auffi par des raifons tirées de circonftances qui rendent le crime plus pardonnable ; (*a*) & non de l'autorité, de la contrainte, ou de la faveur ; à quoi il faut ajouter qu'il faut que cette grace vienne de celui qui en a le droit ; Car au refte „ celui „ qui a fait la loi a bien le pouvoir d'y „ déroger ; & il lui fera bien permis à „ plus forte raifon, pour des caufes graves „ & juftes, d'abfoudre celui qui l'a violée, „ & de lui faire grace de la peine qu'elle „ prononce : (*b*) Mais fi l'une ou l'autre

(*a*) GROT. de J. B. ac P. Lib. II. Cap. XX. §. 26. PUFFEND. *de off. hom. & civ.* Lib. II. Cap. XIII. §. 15. BURLAMAQUI *princip. du droit polit.* Chap. IV. §. 43.

(*b*) GRIBNER. *princip. jurifpr. natur.* Lib. II. Chap. III. de jure Majeft. §. 5.

Negari nequit, ei qui legem fert, jus etiam effe eidem ob juftas caufas derogandi, quin eam plane abrogandi : multo magis eidem licebit aliquem delinquentem ob juftas & graves caufas ita lege folvere , ut ei gratiam pœnæ faciat. HEINEC. de J. N. & G. Lib. II. Cap. VIII. §. 158. GROT. de Indulgent. §. 13.

H   4.

de ces conditions étoit négligée, l'on vio-
leroit le droit des gens ; l'on troubleroit
l'ordre & l'équilibre de la Justice, qui est
le lien le plus fort & le plus respectable
de tous les Etats.

Je ne dis pas cela pour interdire l'exercice de la miséricorde & de la clémence ;
mais j'en avertis comme d'un écueil dangereux contre lequel on brise souvent,
& avec trop de facilité. Les Juges doivent
l'éviter avec tout le soin possible, pour ne
séparer jamais la Justice de la douceur,
ni l'ordre sévére de l'humanité... On ne
sauroit s'élever avec trop de véhémence
contre des Juges qui étant chargés des
dépouilles du pauvre peuple, condamnent
avec la plus grande rigueur un indigent
qui aura pris quelque petite partie du
superflu du riche, poussé à cela par le
besoin ; sans penser combien leur propre
arrêt les condamne. (a) Il a fallu de lon-

(a) *Unusquisque de alio judicaturus, de se-
ipso primum judicet, nec minora in alio errata*

gues & confidérables pirateries pour acqué-
rir le privilége de l'impunité. Les loix se
taisent au milieu des plus odieuses véxa-
tions, où si elles osent tenter de se faire
entendre, le bruit de l'or & de l'argent
étouffe leur voix. De grandes richesses,
dit CICERON, énervent toute la force
de la religion & des loix. (a) Et c'est
dans ce sens qu'*Anacharsis* ayant appris
que *Solon* travailloit à donner des loix aux
Athéniens, dit en riant de la peine que
prenoit ce législateur, que ses loix seroient
comme les toiles d'araignées qui ne retien-
nent que les moucherons, & que de plus
grosses mouches déchirent. (b)

condemnet, *cum ipse graviora commiserit.* D.
A M B R O S. Apolog. David. Lib. II. Cap. I.
(a) *Ingentes divitiæ judiciorum religionem,
veritatemque folent perfringere.* C I C E R. Act.
6. in Verrem.
(b) *Anacharsis, audito Solonem legibus scri-
bendis apud Athenienses incumbere, impensè ejus
operam, ac diligentiam irrisisse, afferens leges
illas aranearum telis similes esse futuras, quæ
minora volatilia comprehenderent, scinderentur
autem a majoribus.* P A T R I T I U S de instit.
reip. Lib. I.

Quant aux peines de mort, je rappellerai ici la coutume des Romains, qui ne
puniſſoient du dernier ſupplice que les par-
ricides, les meurtriers, les rebelles ou trai-
tres à la patrie, & d'autres crimes ſem-
blables, qu'il ne convient jamais d'épargner. Mais dans la ſuite ｜on en vint à
punir de mort les ſimples larcins ; & cette
pratique, très mauvaiſe [dit PATRITIUS]
prévalut, au point qu'on faiſoit mourir
les larrons pour les plus minces objets.
Ainſi (ajoute-t-il) on enléve à la ſocieté
un bien qu'on ne peut jamais lui rendre. (a)

Puiſque nous traitons à préſent de la
meſure des peines, nous ne pourrions rapporter plus à propos le ſentiment judicieux
de Mr. VATEL.

(a) *Raro morte animadvertere conſueverunt
Romani, præterquam in parricidas, homicidas
& perduelles, ſimilesque facinoroſos, quorum
vitæ neutiquam parcendum eſſet. Sed peſſima
jam conſuetudo invaluit, ut minimarum rerum
etiam fures morte plecantur ; & eripiunt id,*

„ Quand on refléchit fur la pratique
„ criminelle des anciens Romains, quand
„ on fe rappelle leur attention fcrupuleufe
„ à épargner le fang des, citoyens, on ne
„ peut manquer d'ètre frappé de la facilité
„ avec laquelle il fe verfe aujourd'hui dans
„ la plupart des Etats. La republique Ro-
„ maine étoit elle donc mal policée ? Vo-
„ yons nous plus d'ordre, plus de fureté
„ parmi nous ? C'eft moins l'atrocité des
„ peines, que l'exactitude à les exiger,
„ qui retient tout le monde dans le de-
„ voir. Et fi l'on punit de mort le fimple
„ vol, que refervera-t-on pour mettre la
„ vie des Citoyens en fureté? (a)

Autant que cette façon de penfer eft
humaine, & équitable, autant eft extrême
& peu jufte le fentiment de ceux qui ne
frémiffent pas de condamner à mort ceux
qui fe rendent coupable d'un fimple larcin.

Quod nunquam mortalibus reddi poteft. IDEM.
de inftit. reip. Lib. 3.

(a) VATEL droit des gens. Liv. I. Chap.
XIII. §. 171.

„ L'équité naturelle [dit un Auteur]
„ veut qu'il y ait une proportion entre
„ le crime & le châtiment. Les vols com-
„ pliqués méritent la mort : ceux qui fe
„ commettent fans violence ont des côtés
„ par lefquels on peut envifager avec
„ compaffion ceux qui en font coupables.
„ Il y a l'infini entre le deftin d'un riche
„ & celui d'un miférable : l'un regorge
„ de biens , & nage dans le fuperflu :
„ l'autre abandonné de la fortune , man-
„ que même du néceffaire. Qu'un mal-
„ heureux dérobe pour vivre , quelques
„ piftoles, une montre d'or , ou pareilles
„ bagatelles à un homme que fa magni-
„ ficence empêche de s'appercevoir de
„ cette perte , faut-il que ce miférable foit
„ devoué à la mort ? L'humanité n'exige-
„ t-elle pas qu'on adouciffe cette extrême
„ rigueur ? Il paroit bien que les riches
„ ont fait cette loi : les pauvres ne feroient-
„ ils pas en droit de dire - - Que n'a-t-on
„ de la commiferation pour notre état

„ déplorable ? ſi vous étiez charitables , ſi
„ vous étiez humains , vous nous ſécouriez
„ dans nos miſéres , & nous ne vous vole-
„ rions pas : parlez ; eſt il juſte que toutes les
„ félicités de ce monde ſoient pour vous ,
„ & que toutes les infortunes nous acca-
„ blent ? (*a*)

Si nous en croyons quelques Juriſtes ,
à la vérité aſſez mal-habiles ; (*Juriſperitos*
vel *potius .imperitos*) celui qui a commis
trois larcins mérite le nom de *voleur fa-*
meux. Et d'où vient cette opinion que de
l'interpretation abuſive d'une loi du digeſte
qui porte. *Pluſieurs ont été d'avis que les*
voleurs fameux fuſſent pendus ſur les lieux
même ou ils ont commis leurs vols, afin,
d'effrayer par ce ſpectacle ceux qui pour-
rôient commettre les mêmes crimes ; & de
conſoler par cet acte de Juſtice les parens
de ceux qui ont peri de la main de ces

(*a*) L'auteur de la *Diſſertation ſur les raiſons*
d'établir , ou d'abroger les loix.

fcélerats dans ces mêmes lieux. (*a*) Cette loi n'étoit fufceptible d'aucune interprétation équivoque ; il eſt clair qu'elle ne parle pas des larrons, mais des voleurs de grands chemins. Jamais le mot *latro* n'a pu fignifier un fimple *larron*. La liaifon des termes de la loi le fait affez connoitre, fans avoir befoin de recourir aux Grammairiens. *Les voleurs de grands chemins devront être pendus fur les lieux mêmes où ils auront volé.* A quoi elle ajoute, *la peine devant être fubie là où les voleurs auront commis l'homicide :* il s'agit donc là de voleurs brigands ou meurtriers , qu'on appelle *latrones*, ou *graffatores ;* & l'épithete *famofos* acheve de les caracterifer de façon à ne pouvoir les confondre avec les fimples larrons.

(*a*) *Famofas latrones in his locis ubi graffati funt furca figendos compluribus placuit ; ut & confpectu deterreantur alii ab iifdem facinoribus , & folatio fit cognatis & adfinibus interemptorum eodem loco pæna reddita in quo latrones homicidia feciffent.* L. 28. ff. de pœnis §. famofos.

Les Novelles de JUSTINIEN achévent & confirment cette explication. *Nous ne voulons pas absolument (dit cet Empereur) que l'on mutile aucun membre, ni que l'on fasse mourir personne pour larcin,* (*a*) & cela suit de près la définition qu'il a donnée du larron en ces termes: *Nous appellons larrons ceux qui dérobent clandestinement, & qui commettent ce délit sans armes.* (*b*) Cette constitution met une différence bien considérable entre le larcin & le brigandage, puisqu'elle ne veut pas même que le larron soit mutilé. Et puisque nous sommes sur l'article du larcin, je ne puis quitter cette matiére importante sans toucher une question qui ne l'est pas moins. Elle a pour objet une pratique assez ordinairement observée, que lorsque les larcins déviennent plus fréquens,

____

(*a*) *Pro furto autem nolumus omnino, quodlibet membrum abscindi, aut mori, sed aliter eum castigari.* Novell. CXXXIV. Cap. 13.

(*b*) *Fures vocamus qui occulte, & sine armis hujusmodi delinquunt.* Ibid.

les larrons qui font attrapés font d'autant plus févérement punis que ces larcins font multipliés. Ufage que je doute que le droit & la raifon autorifent : Car, pourquoi, je vous prie les punir plus griévement ? ce ne peut être que parce que plufieurs autres ont commis des vols : ce n'eft donc pas pour leur crime propre, mais pour le crime des autres que leur peine eft aggravée, puifque fi eux feuls avoient volé, on les puniroit plus doucement : celui qui a commis un ou deux larcins n'eft pas plus tenu de répondre de ceux des autres, que s'il n'en avoit commis aucun ; ainfi impofer à celui qui a volé une peine plus dure que celle que la loi prononce, ou une peine que la loi n'impofe pas, eft également injufte. Bref, on ne fait pas moins tort à celui qu'on punit du crime des autres, que fi on puniffoit une perfonne qui n'en auroit commis aucun, à moins qu'il n'en foit complice. Ce que j'ai dit du larcin, je le dis des autres crimes.

On

On fera peut-être ici ufage d'une loi de *Claudius Saturninus* conçuë en ces termes : (*a*) *Il arrive quelquefois que l'on aggrave le fupplice de certains crimes, lorfque le nombre des criminels rend cet exemple né-ceffaire :* mais je dis que cette loi, fi c'en eft une, n'a d'autre fens que celui de la maxime vulgaire reçue dans le Bareau ; que *là où les délits croiffent & deviennent plus frequéns, il faut accroitre les peines.* (*b*) J'en parlerai dans la fuite avec un peu d'étendue, & j'y renvoye mon lecteur pour ne pas me repeter. Je me bornerai à dire ici que fi les délits d'un certain genre fe multiplient, & que pour cette raifon, on trouve à propos d'augmenter la févérité des peines, ce devra être avec précaution, & de telle maniére que l'on ne paffe pas la ligne ou la limite que prefcrit la loi ;

______

(*a*) *Evenit ut aliquorum maleficiorum fup-plicia exacerbentur, quoties nimirum multis perfonis graffantibus, exemplo opus fit.* L. 16. ff. de pœnis.

(*b*) *Crefcentibus deliclis exafperantur pana.*

I

mais que l'on reſte en deça plutôt que de la paſſer. J'ai dit en rapportant les paroles de *Saturninus*, ſi c'étoit une loi; car pour moi je trouve qu'il s'exprime plus en hiſtorien qu'en législateur; ce que le début *il arrive* détermine aſſez clairement. Ce ſens eſt confirmé encore par le commencement de la période précédente. Il ARRIVE (dit-il) *que les mêmes crimes ſont plus ſévérement punis dans quelques provinces, comme en Afrique les incendiaires des moiſſons, en Miſie ceux des vignes, dans les pays de mines, les falſificateurs de la monnoye.* (*a*) Indiquant ainſi ce qu'on faiſoit ailleurs plutôt que ce qu'on devoit faire en vertu de quelque loi.

Mr. DE MONTESQUIEU montre clairement par les exemples qu'il rapporte, combien peu les Souverains ont avancé le

______

(*a*) *Evenit ut eadem ſcelera in quibuſdam provinciis gravius pleĉiantur, ut in Africa meſ-ſium incenſores, in Miſia vitium ubi metalla ſunt, adulteratores monetæ.* L. dict. ff. de pœnis.

bien de leurs Etats, en infligeant les mêmes peines aux larrons, q'aux voleurs
publics.

„ C'eſt un grand mal parmi nous (dit-
„ il) de faire ſubir la mème peine à celui
„ qui vole ſur un grand chemin, & à
„ celui qui vole & aſſaſſine. Il eſt viſible
„ que pour la ſureté publique, il faudroit
„ mettre quelque différence dans la peine.
„ A la CHINE les voleurs cruels ſont
„ coupés en morceaux, les autres non.
„ Cette différence fait que l'on y vole ;
„ mais que l'on n'y aſſaſſine pas. En
„ MOSCOVIE où la peine des voleurs,
„ & celle des aſſaſſins ſont les mêmes,
„ on aſſaſſine toujours. Les morts, dit-on,
„ ne racontent rien. (a)

On doit à la vérité une plus grande
peine aux crimes reiterés. J'en conviens ;
mais je doute beaucoup qu'l ſoit permis
aux Juges de porter aux plus grandes
extrèmités la peine de tous les délits ;

____

(a) *Eſprit des loix.* Liv. VI. Chap. 16.

„ Car, comme le dit M. Vattel, dire
„ que toute peine eſt juſte, quand le
„ coupable a connu d'avance le chatiment
„ auquel il s'expoſoit, c'eſt tenir un lan-
„ gage barbare contraire à l'humanité &
„ à la loi naturelle. (*a*)

Et qu'on ne diſe pas qu'il n'eſt point
de peine plus juſte que celle qui eſt établie
par l'ancien uſage, puiſque ſelon la maxime
de l'Empereur Justinien, „ ni la
„ longueur du tems, ni l'ancienneté de la
„ coutume ne peut conſacrer des choſes
„ mal conçues, ou une coutume abuſive.
(*b*) Ainſi c'étoit avec bien de la raiſon
qu'Isocrate diſoit que les mauvaiſes
loix, & les coutumes dépravées, devoient
être abolies quelqu'ancienne qu'elles puiſſent
être. (*c*) Et c'eſt ainſi que penſent tous
les gens ſages.

(*a*) Vattel droit des gens.
(*b*) *Malé adinventa, malasque conſuetudines,
neque ex longo tempore, neque ex longa conſue-
tudine confirmari.* Novell. 134. Chap. I.
(*c*) *Leges mala, & conſuetudines tollenda,*

Qui ne sent que si l'on proportionne
les peines au mal que le délit cause, il
fera aisé de comprendre quels genres de
larcins devront être les plus punissables.

J'ai montré assez clairement ce me semble que les Juges devoient tempérer l'effet
des loix, & même les interpréter béni-
gnement, selon que les circonstances qui
accompagnent les crimes peuvent le permettre. S'ils n'avoient pas ce pouvoir, les
loix s'éloigneroient de leur but, loin de
le remplir. Le Juge agiroit comme une
pure machine, qui fait sans varier tous
ses mouvemens ; tandis que son devoir
l'appelle, non à suivre servilement le cours
des loix, mais à en déterminer le vrai
sens par la raison, & à en faire l'application la plus raisonnable, selon les circonstances de manière que chacune d'elles
remplisse le but pour lequel elle étoit faite.
C'est le devoir d'un bon Juge (dit P L A...

quantumvis diuturnæ. ISOCRAT. de orat. ad
Nicocl. DEANHA. Quæst. Jur. Lib. V. p. 146.

t o n) „ d'approprier prudemment les loix „ aux diverfes actions des hommes & à la „ varieté de leurs circonftances. (*a*) Les Princes ne pouvant toujours, ni punir, ni interprèter les loix par eux-mêmes , il falloit néceffairement qu'ils s'en remiffent aux Juges qu'ils avoient établis pour cette fonction. (*b*)

Quoi donc ! feroit-il permis aux Juges d'interprèter les loix de façon à leur attribuer plus de dureté que ne le porte leur fens naturel , & d'aggraver les peines qu'elles infligent ? Non fans doute, puifque ces Juges ne font que les gardiens & les exécuteurs des loix, & non point législateurs. Aucune peine ne peut être

(*a*) *Est boni judicis eafdem leges ad fingularia hominum facta prudenter pro variis circumftantiis applicare & accommodare.* Plato *de* L. L. *lib.* 9.

(*b*) *Cum fummi imperantes non femper ipfimet punire, ac leges interpretari omni loco queant, confequitur, ut facultas iis fit relinquenda conftituendi judicis leges interpretantem.* Gudling. *de* J. N. & G. *de jure Majeft.* §. 46. Locke. *Gouvernement civil.* Chap. XIII. *de la prérogative.*

ajoutée à la loi que par une loi nouvelle ; ainſi quelque graves , quelque atroces , quelque criminelles que ſoient les circonſ-tances d'un crime , le Juge ne peut légiti-mement paſſer d'une ligne ſa teneur , puiſ-que quiconque eſt plus ſévére que les loix eſt un tyran.

Perſonne n'oſera , je penſe , m'objecter ici le dicton vulgaire , qu'à meſure que les délits augmentent , il faut augmenter les peines , *creſcentibus delictis pœnas eſſe exa-ſperandas* , maxime de droit public dont les Juriſconſultes ont abuſé , en en de-tournant le vrai ſens. (*a*) Car s'ils l'a-voient tirés des loix Romaines , & ſur-tout de celle de *Marcian* dont nous avons ci-devant parlé , ils auroient clairement com-pris , que dans les cas même où les peines ſont aggravées par une conſtitution nou-velle , à meſure que les délits croiſſent &

_____

(*a*) G R O T. de J. B. & P. lib. de æquitate &c. Cap. I. §. 10. P U F F E N D. de J. N. & G. Lib. VIII. Cap. III. §. 23.

se multiplient, les Juges doivent les exécuter avec quelque tempérament de douceur. (*a*) De sorte que j'interprèterai la maxime de cette maniere ; Plus les délits vont en croissant, moins il convient que les Juges usent d'indulgence; mais jamais ces délits ne peuvent croitre au point de ne laisser aucun lieu à l'exercice de la douceur. *Marcian* met par sa loi des bornes aux peines, en les mesurant par la gravité des délits; mais il ne prescrit pas des bornes certaines à la clémence des Juges ; & il ne paroit pas même qu'on puisse imaginer des délits d'une gravité capable d'épuiser en quelque sorte toute la bonté des Juges; les loix Romaines sont si éloignées de leur permettre de passer la mesure qu'elles prescrivent, que par tout on y voit la benignité mêlée à l'austerité des loix ; ce qui assurément est

(*a*) *In gravioribus pœnis quæ crescentibus de-*
lictis constituuntur, severitatem legum cum ali-
quo temperamento benignitatis esse a judicibus
subsequendam.

parfaitement d'accord avec la raifon. Car lors même que les délits croiffent la peine portée par la loi ne peut être aggravée que par une loi nouvelle & duëment promulguée ; ce qui alors n'eft plus notre théfe, parce que cette fonction n'appartient point au Juge ; mais au feul législateur ; & fi le Juge pouvoit le faire, le Rée feroit jugé par des loix qui n'auroient jamais exifté, & puni avec une fouveraine injuftice ; vu que fi peu que la peine qui lui eft infligée excéde la mefure prefcrite, il n'eft plus puni par la loi, ni felon fon intention. Le législateur étant cenfé avoir envifagé les circonftances les plus graves du crime contre lequel il prononce, eft cenfé en même tems avoir attaché à ce crime la peine la plus adaptée à fa gravité. De forte qu'elle eft dans le cas d'être diminuée & adoucie s'il manque quelque chofe à la gravité des circonftances ; mais elle ne peut être augmentée, fi toutes ces circonftances s'y trouvent. Que fi le Juge

étoit libre d'étendre à son gré les peines,
jusqu'à celle du glaive ou de la potence,
si les droits du législateur & du Juge
n'étoient pas séparés & distinctement con-
nus, leur autorité pourroit se confondre,
l'un empiéteroit sur les droits de l'autre ;
les jugements ne seroient plus justes, parce qu'ils n'auroient plus pour base un
pouvoir évidemment légitime.

DE LA COMPÉTANCE
DES TRIBUNAUX.

Une Procédure criminelle inftruite par un Juge contre le Rée hors des limites de fa jurifdiction ; mais dans celles de l'Etat, peut-elle étre confirmée par le Prince ou par fon Confeil, aux fins de pouvoir l'autorifer à prononcer une fentence ; ou bien, fi le Rée peut exiger du Prince ou de fon Confeil qu'il déclare nulle cette Procédure ?

AYANT ouï derniérement difputer le pour & le contre de cette queftion par nos Jurifconfultes, & refléchiffant fur fon importance en matiere judiciaire ; ma fonction de Préfident de la Cour de juftice me fit penfer qu'il étoit de mon refort de m'expliquer fur cette matiére ; ce que je vais expofer le plus briévement qu'il fera poffible.

Je prendrai de loin mes principes, & je les tirerai de la naiffance des focietés. Lorfque les hommes convinrent d'habiter des villes, & fe liérent par des pacts mutuels pour former des focietés, tout ce que chacun avoit d'autorité, & qui jufques là avoit été divifé comme en parcelles chez les individus, & réuni en une maffe, fut conferé à celui dont ils avoient fait choix pour les gouverner. Par-là ils alienérent le droit de pourfuivre leurs propres injures; il ne leur fut plus permis de lever la main fur ceux qui leur avoient fait quelque tort, à moins qu'ils ne fuffent munis de l'autorité publique du fupérieur. Dès-là il n'appartient qu'au Souverain de protéger les citoyens, & de les garantir de toute oppreffion : mais ne le pouvant fans connoiffance de caufe, & cette connoiffance d'une multitude de cas qui s'élévent dans toute l'étendue d'un grand

Etat, demandant un nombre de Juges qui les examinent, le Prince choisit entre les citoyens ceux qu'il croit les plus propres à en remplir la fonction : Ainsi le pouvoir conferé par les citoyens au Souverain qu'ils avoient élû, fut remis par lui à ces mêmes citoyens pour l'exercer sous de certaines conditions. Mais comme vû la multitude d'habitans répandus en divers lieux, il faut qu'il y ait des préposés qui voyent de près ce qui se passe, qui puissent en connoitre avec promtitude & avec prudence, ou en faire rapport au Prince & à son Conseil, il a fallu que le Conseil supérieur se partageât pour ainsi dire en autant de branches ou de Cours inférieures qu'il y avoit de districts, pour exercer la Justice sur leurs habitans. Dès-lors celui qui préside à l'une de ces cours de Justice doit savoir que sa jurisdiction ne s'étend pas au-delà du cercle qui lui est tracé, & qu'il ne peut en passer les limites sans violer les autres jurisdictions, & leur faire injure.

Le Souverain ne perd cependant rien de ſes droits ; mais en conférant à d'autres un certain pouvoir ſur certains citoyens, & ſur des cauſes d'un certain genre, il ſe reſerve à lui-même ou à ſon Conſeil ſupérieur une autorité ſuprême ſur tous les citoyens, & dans tous les cas. Et s'il eſt Monarque, cette juriſdiction royale ou ſénatoriale, n'a de bornes que celles de ſon Royaume, & aucun citoyen n'eſt pas plus affranchi de la ſuprême puiſſance, qu'il ne l'étoit avant l'inſtitution des Juges dont j'ai parlé.

Après ces préliminaires, je viens au fait dont il eſt queſtion.

Il eſt permis aux Juges par les loix romaines de procéder contre un coupable ou à raiſon du lieu ou le délit a été com-mis, (*a*) ou à raiſon de ſon domicile, (*b*)

____

(*a*) L. I. C. ubi de crim. agi oport. L. 2. C. de Juriſdict. omn. jud.

(*b*) Le lieu du domicile eſt celui où l'on eſt habitué pour l'ordinaire, *ubi larem quis fovet,* ou celui où git la plus grande partie de ſes biens. PERES. in Cod. L. III. Tit. 13. n. 18.

ou dans quelque lieu qu'il foit décou-
vert. (*a*).

Pour ce qui eft **du Juge** dans la jurifdiction
duquel le crime a été commis , aucun
autre ne peut agir contre le Rée avec plus
de droit & de convenance , non feulement
parce que plus il eft voifin du lieu du
délit , plus ce délit peut venir promtement
& facilement à fa connoiffance ; mais auffi
parce que fi l'exemple de la peine eft
donné dans le lieu où a été donné l'exemple du crime , il devra plus efficacement
en détourner tous les citoyens : (*b*) Mais
fi ce Juge jouiffoit feul de ce droit , autant de coupables qui pourroient échapper
de fon territoire , demeureroient impunis.
Voilà pourquoi les législateurs voulant leur
ôter tout efpoir d'impunité , & leur fermer

(*a*) Dicta L. I. Cod. eod.
(*b*) *C'eft par le lieu du délit que fe régle
principalement la competence en matiere criminelle , & cela tant à caufe de la néceffité de
l'exemple , & de la confolation particuliere de
ceux qui ont fouffert du crime, que pour la
plus grande facilité des preuves.* VOUGLANS.
Inftit. au droit crim. Part. IV. Chap. II. n. 1.

tout azyle, ont donné le droit de les faire
arrêter, aux Juges dans la jurifdiction defquels ils fe trouveroient domiciliés, comme
à ceux dans la jurifdiction defquels ils
auroient commis le crime ; afin que dans
quelque retraite qu'ils fe cachaffent, pour-
vu que ce fut dans l'enceinte du même
Etat, ils fuffent faifis, & reduits dans les
prifons, felon le preferit des loix, (*a*)
puifque quiconque a violé les loix d'un
Etat, peut être arrêté partout également
dans fes limites. La perfonne du Rée dé-
pendant du Souverain ou des Juges, qu'il
a établis, fon procès peut lui être fait
en fon nom, pourvû qu'il fe trouve dans
la jurifdiction de l'un d'eux ; & la raifon
qui m'en paroit la meilleure eft que tous
les Juges confiderés non feparément, mais
en corps, entant que folidairement pré-
pofés à juger les caufes de l'Etat entier,
repréfentent la perfonne du Souverain.
Ce pouvoir n'eft pas refferré dans un lieu

(*a*) Dicta L. I. Cod. ubi de crim.

particuſier

particulier de l'Etat, il embrasse toutes les parties. Ainsi lorsqu'il s'agit de saisir un coupable, tous les Tribunaux inférieurs entre lesquels l'autorité suprême s'est comme divisée, se réunissent en quelque sorte de nouveau, pour empêcher que le coupable n'échappe, & que s'il fuit d'un lieu, il tombe dans l'autre, de façon que l'Etat soit exempt de crainte.

Rien n'est plus clair, ce me semble, ni plus certain : mais on pourroit bien ne pas trouver également clair qu'il soit permis au Juge de saisir le Rée hors des limites de sa jurisdiction, qui ne lui a été attribuée qu'avec des reserves, au-delà desquelles il semble l'étendre.

Quant à moi, je ne voudrois pas soutenir qu'il lui fut permis de saisir indifféremment tout criminel hors de sa jurisdiction. Son pouvoir en effet ne sauroit être plus étendu que celui que le Prince a eu intention de lui conférer. Mais s'il

K

vient à le faire, je ne dirois pas pour cela que cet acte dut être nul & de nul effet. Le Réc n'a aucun lieu de se plaindre qu'on lui ait fait tort ou injure, puisqu'il peut être saisi, accusé & jugé partout; le seul qui pourroit en faire grief seroit le Juge dans la jurisdiction duquel est fait cet acte, ou plutôt le Souverain de l'un & de l'autre, qui a marqué les limites de chaque jurisdiction. „ Le criminel „ doit être puni, (dit Mr. le Président „ SEIGNEUX (a) & en quelque lieu „ qu'on veuille lui infliger la peine qu'il „ mérite, il ne peut pas se plaindre qu'on „ lui fasse une injustice en le punissant. „ Il n'y a qu'un Juge plus compétent, „ qui puisse se plaindre si on lui refuse „ la restitution du délinquant, qu'il a „ droit de reclamer, & dont il veut faire

(a) Président des Conseils du Prince Duc d'Aremberg, & ci-devant Juge civil & criminel de la ville de Lausanne.

„ juſtice &c. (*a*) Le Réc ne pourra donc ſe plaindre du Juge qui l'a fait ſaiſir, & mis en cauſe, encore moins reclamer l'impunité, & demander d'ètre élargi. Le Juge ſeul auquel il étoit permis par les loix de l'actionner, peut s'oppoſer à ce qu'il ne ſoit rien prononcé à ſon ſujet, & demander qu'il lui ſoit remis. Mais il n'y a rien en cela qui puiſſe embarraſſer le moins du monde la juriſdiction ſupérieure du Prince, ni arrèter le Conſeil qu'il s'eſt choiſi ; parce qu'il peut ſuppléer promtement & facilement à ce défaut ; étendre ou reſtreindre à ſon gré la juriſdiction qu'il a déleguée, ſelon que le bien public le demande. Le célébre L O C K E s'explique en ces termes ſur ce ſujet. " Tandis que „ ce pouvoir eſt employé pour l'avantage „ de l'Etat, & conformément à la con„ fiance de la ſocieté, & aux fins du

____

(*a*) *Syſtem. de Juriſpr. crimin.* Chap. III. *de la compétence des Tribunaux.*

,, gouvernement, c'eſt une prérogative in-
,, conteſtable, & on n'y trouve jamais à
,, redire. Car le peuple n'eſt gueres ſcru-
,, puleux ou rigide ſur le point de la pré-
,, rogative, pendant que ceux qui l'ont,
,, s'en ſervent aſſez bien pour l'uſage auquel
,, elle a été deſtinée, c'eſt-à-dire pour le
,, bien public, non manifeſtement contre
,, ce bien là. (*a*)

Il eſt évident que ſi l'informalité de la
ſaiſie donnoit lieu à ce que le Rée fut
relaché, le crime échapperoit aux peines
publiques, qui lui ſont duës, ce qui ſeroit
l'un des plus grands maux qui pût affliger
l'Etat; " Car puiſque le droit de punir les
,, crimes réſulte néceſſairement de la conſ-
,, titution d'un gouvernement quelconque;
,, rien ne ſeroit plus deſtructif, plus con-
,, traire à ſon bien être que l'impunité
,, des crimes, ſoit qu'elle fut autoriſée par

(*a*) Locke *Gouvernement civil.* Chap. XIII.
de la prérogative.

„ la loi, foit qu'elle eut lieu par le fait.
(*b*) B E N O I T XIV ce Pape vraiment
illuftre, avoit depuis bien des années re-
médié à ce mal en fupprimant quantité
d'azyles , & nombre de Princes d'Italie
l'ont fait auffi par des traités réciproques ,
dans lefquels ils ont mis en régle la maniére de fe remettre les prifonniers d'Etat
à Etat. Je ne doute pas que mon fentiment fur ce point ne paroiffe un peu
étrange à ceux qui ont embraffé le
parti contraire ; en foutenant que la faifie
du Rée dans le cas fuppofé ne peut être
légitime: Mais s'ils refléchiffent mûrement
fur le parti qu'eux-mêmes prendroient ,
s'ils avoient à leur charge de pourvoir à
la confervation de l'Etat ; s'ils penfent avec

(*a*) *Sicuti jus puniendi delicta ex neceffaria
reipublicæ adminiftratione fluit : ita faluti civitatis nihil magis repugnat , quam fcelerum im-
punitas , five lege ea permiffa fit, five ipfo facto
concedatur.* GRIBNER. *Princip. Jurifprud.
natur.* Cap. III. §. 5. n. 1.

K 3

quel souci les hommes sages qui le gouvernent veillent continuellement à ce que l'on ne laisse jamais échapper l'occasion de saisir les criminels, quand on le peut, ni de les punir quand on le doit, je m'assure qu'ils seront bientôt de mon avis.

F I N.

INDICE.

A

B

C

M

INDICE.

Fin de l'Indice.